父母的
5堂必修课

家庭教育的
心理学智慧

张雯 著

 华东师范大学出版社

ECNUP 全国百佳图书出版单位

·上海·

目 录

第二章 **情绪**

第三章

容纳

第四章

界限

第五章

觉察

序 言

我从事心理学的专业学习接近二十年，从事心理咨询与治疗临床工作十多年，讲授家庭心理与儿童教育相关的课程也有十年左右。感谢我的学员、学生和来访者们，他们当中很多人比我年长、优秀，在其他领域有着非凡的成就，他们信任我的专业能力，喜欢我的培训课程，欣赏我面对问题、思考问题和解决问题的方式方法，所以才有了这本书的策划、构思和写作。此书虽然定位于家庭教育心理学的专业层面，但是我更愿意将其看作我和家长们的对话与探索。

我研究了许多家庭教育类书籍。我发现它们一部分是以年龄为主线来讲述不同年龄段家庭教育的重点，例如0~3岁、幼儿、小学儿童、青少年等；另一部分是以问题为主线，围绕着诸如"厌学问题""网瘾问题""非暴力沟通问题"等来进行家庭教育的讨论。我相信既有的书籍从多个方面能为很多家庭和家长带来有意义的指导。

那我的这本书存在的意义是什么呢？我想从一个更加本源、立体、动态的角度来谈一谈我理解的家庭教育、家庭关系、还有父母与孩子这些事。

在我看来家庭教育是一件很立体、很动态的事情。它的立体表现在每个人都有其个性化的部分，没有哪个孩子会完全按照已定的发展阶段来发展；它的动态表现在同样一种方法会因为孩子的不同、家长的不同、操作方式的不同而呈现出不同的效果。

比如，你会发现有些家长学了很多很多，十八般武艺样样精通，可在解决孩子的行为问题上效果却并不好，甚至完全没有用。而有的家长，好像从没学习过任何理论和技术，他的孩子成长似乎非常顺利，没有让人头痛的或者明显的发展问题。

随着这么多年临床工作的实践和思考，以及不断加深的理论学习和研究，慢慢地我发现，**在家庭教育中有些东西是超越了年龄、家庭背景、父母受教育水平和理论流派的。这些东西是每个父母都需要去面对和修炼的部分，是每个成人都需要去不断提升的方面。甚至，这些东西也超越了角色，即便你当下不是为人父母，只要你是处在关系中的一个人，你都会需要它们。**只是这些内容在父母教育孩子的时候更加重要而已。

换句话说，我想要在这本书中写家庭教育过程里的"元能力"，即成为父母应该具备的核心素养。如果你准备成为父母，那你就需要开始着重提升自己这几个方面的能力。如果你已经成为父母，已经有了小宝宝，或者你是一个儿童、青少年的父母，这几个方面能力的提升会帮你化解很多的教育难题。

我相信是存在这样的元能力的，我希望我能写出来，并通过我多年的临床经验以及我所了解的故事让它更详尽，更有说服力。

那么，有哪些"元能力"呢？

第一是沟通能力。在面对家庭教育的时候，最基本的能力就是沟通。在沟通这个部分，我会讲沟通意味着什么，我们应该怎样和孩子沟通，作为家长，在跟孩子沟通时的一些注意事项。同时我会添加很多案例来讲解，比如，跟小孩怎么沟通？跟青少年怎么沟通？跟特殊情况的孩子（比如多动症的孩子）要怎么沟通？不同的家长在看的时候，可以根据自身情况来选择需要的部分。

第二是情绪能力。情绪能力包含了每个人对自身情绪的了解和认识、对别人情绪的了解和认识，以及情绪的稳定性，即情绪控制的问题。很多人对情绪的认识有误解，常常认为自己应该修炼到喜怒不形于色是最好的，但其实不是。我们需要保有丰富的情绪感受力，同时能够保持情绪的稳定性。

第三是容纳能力。正如孕育生命需要子宫，养育孩子也需要一对能容纳孩子各方面的父母。拥有较好的容纳能力的父母意味着能接纳孩子的本性，对养育过程中的挫折有一定的承受力，能容忍未知的和不确定的事件，并努力理解和消化来自己、孩子以及双方关系中的种种反应。

第四是界限能力。拥有边界意识在所有关系体验中都是非常重要的。好的界限既是一种保护，同时也让我们体验到了爱与自由。在孩子成长的不同阶段，家长需要调整自己的边界，知道哪些该做，哪些不该做，从而为孩子的自我发展和外部发展留有空间。

第五是觉察能力。一个好的家长一定是有敏锐直觉并善于思考的，因为直觉是一种本能，而思考则能够帮助人们创造新的解决方案。家庭教育中的反思和领悟能力，在某种程度上决定了家长的高度和胸怀。不断学习和反思才有可能引导家长成为自己孩子最好的教育专家。

现在很多家长都希望通过学习一些技术来管理和应对孩子，所以类似"育儿一百招""怎样对付熊孩子"这些话题很受欢迎，我知道这是家长们特别需要的。虽然我也认可技术方法在解决问题上的重要性，但我认为方法一定要为理念服务才行。

从我接触的家庭案例来看，我觉得这个时代的家长缺少的不是具体的理论和方法，而是缺少自己对家庭教育中一些本质问题的思考。**有些家庭教育中困境问题的解决，不是依赖技术方法，而是需要家长突破自身人格层面的局限，从自身成长的角度带动问题的解决。**

鉴于此，本书的核心是"针对常见的家庭教育困扰，从心理发展的视角给予分析和探讨，理解孩子问题行为背后的本质，帮助父母看到自身成长的空间，从家庭关系的视角提供综合的问题解决途径"。

我最终的目的是希望家长们通过对"元能力"的学习和自我成长，促进家长们的自我反思和建构能力的提升，让家长们有机会看见真实的孩子，同时，也能看见真实的自己，成为新时代有思辨能力的**"成长型"**（非学习型）父母。

　　生命就是一场修行，生、老、病、死、怨憎会、求不得、爱别离、五蕴盛……养育的过程也是一个生命场，会遇到各种难题。如果做好了准备，愿意去面对这样的生命场，拥抱这个过程中的各种可能性，不因畏惧而止步不前，不因未知而惶恐不安，相信自己、家人和孩子的潜能，不断地学习和成长，愿意突破舒适区，那么你就能胜任这个过程，最终体验到愉悦和成就感。

　　关于本书其他几个重要问题的回应。

　　问：为什么把这本书的主题界定为家庭教育，

　　　　而不是育儿或者亲子教育？

　　我觉得家庭教育是比育儿、亲子视角更大的一个概念。育儿偏重于儿童早期，指的是父母对年幼儿童（包含新生儿、婴儿、幼儿、小学低年级儿童）的照顾、抚育，虽然这个阶段对人格的形成和发展非常重要，但是很难用育儿这个概念来谈论小学高年级及初中以上孩子的教育问题。

　　当我们在谈论"家庭教育"这个概念时，意味着我们对孩子的教育应当与家庭生命周期紧密地联系在一起。"生命周期"是将生命视为一种随个体或组织的发展，社会关系或角色不断转换、循环的过程和阶段。

在家庭研究领域，家庭生命周期是指一系列根据家庭结构与规模变化划分的为人父母的不同阶段。通常的划分标准为：年轻人离开家庭（单身阶段）、结婚组成新家庭（新婚阶段）、孩子降临（满巢阶段1）、拥有少年的家庭（满巢阶段2）、孩子离家独立生活（空巢阶段）、步入晚年（退休阶段、鳏寡阶段）。

从家庭生命周期这个概念来看家庭教育，意味着将教育与发展联系起来，从更加动态的视角去反思个体和关系的变化，契合当下毕生发展观的基本思想；意味着我们从独立的那一天就开始思考"如何更好地以成人的姿态去寻找伴侣、去创立家庭、去成为家长、去抚育子女成长"。

毕生发展观将个体发展的内涵延伸到生命全程，即我们相信个体在生命的各个阶段都存在着变化的可能性。一个家庭也如个体一样，在家庭生长的每个阶段，家长、家庭中的主要角色以及家庭成员之间的关系，都是动态变化、不断成长的。所以我觉得家庭教育比育儿更丰富，更有内涵。

其次，家庭教育中还包含着"家庭全纳"的概念。当我们谈家庭教育的时候，我不希望大家想到的只是妈妈教育或者爸爸教育，我在本书中将更多地用到"家长"这个词。家长包含了参与家庭活动过程的所有角色——爸爸妈妈或爷爷奶奶或姥姥姥爷。希望大家能从"教育孩子是妈妈的事情"这个刻板印象里面脱离出来。教育其实应该是家庭成员都参与的一件事。

这就意味着，家长在实施家庭教育的时候，必须兼顾与其他家庭成员之间的关系。也就是说，家庭教育并不是一件孤立于其他家庭成员以外的存在，不能说"我在教育孩子呢，其他人别管"。我认为孩子是在一个环境当中成长起来的。这个环境里除了亲子关系以外，还包含很多其他变量，如成人之间的关系、家庭氛围等。

目前，广义上的家庭教育，指具有增进家人关系与家庭功能的各种教育活动，其范围包括：亲职教育、子职教育、两性教育、婚姻教育、伦理教育、家庭资源与管理教育和其他家庭教育事项。

问：从临床心理咨询师的视角来看待家庭教育，

　　会有什么独特之处吗？

因为我是心理学学科背景出身，心理咨询的临床经验比较丰富，我觉得从教育的视角和从心理学的视角来看家庭教育是有些不同的，尤其是心理咨询师的视角。

首先，心理咨询师的视角更偏向微观，更个体化，更强调每个个体的不同或者特殊性。而教育学者的视角会更宏观，研究的更多的是普遍性、规律性、哲理性的部分。

其次，从咨询的角度来看家庭教育，或针对每个家庭、每个孩子来谈教育问题的时候，我们更多地会考虑到双主体。我觉得教育孩子是一个双向相互建构的过程。一个好的家长，不仅能够对自己的小孩因地制宜、因材施教，也能接受孩子对他的教育，即双主体教育。

过去我们认为，孩子是需要我们去训化、去教导、去塑造的教育对象。比如，我们常常会听到这样的比喻：孩子是一张白纸，孩子未来图画的美丽或丑陋是父母描绘的结果。这种观点认为教育是单向的，只是父母面向孩子的过程。但现在我们更多地认为孩子是一个独立的存在，他是一个有别于大人的、独立的个体。他拥有自己的看待世界的方式和思考的角度。

家长必须看到孩子是教育活动中一个主要的变量，影响着各个环节。每个孩子都是不一样的，他有无限的可能性和属于自己的内在使命。

再次，心理学是教育的客观理论基础，教育要尊重孩子心理发展的现实。因为无视孩子心理发展阶段来教育孩子是很难的，也是不科学的。

皮亚杰的理论告诉我们，在 2 到 4 岁的孩子身上很难使用符号来开展教育活动。因为这个阶段的孩子还处在具象思维发展阶段，甚至是前运算阶段，他们无法理解符号。心理学史上很多经典实验都说明了，脱离孩子的心理发展阶段去培养他，去谈教育，得到的只能是一个空中楼阁而已。这里也体现了教育学和心理学的学科关系。

所以在我的这本书里，一方面体现了我多年心理学理论学习、临床实践经验所带给我的对心灵、儿童、教育的思考，另一方面也会有很多供家长参考的可操作性的实战策略和方法。

问：你怎么看待儿童？

意大利的哲学家和心理学家耶罗·费鲁奇曾经写过一本非常棒的书，叫《儿童是个哲学家》，书中的很多观点让我很共鸣。

首先，我觉得儿童是一个独立的存在，儿童和成人是不一样的。所以当你拿着成人的标准去衡量他的时候，你必然会受挫。只有你看见了儿童独有的个性，看见了他作为一个生命体独特的需求，这个儿童才能充满昂扬的生命力。

当下我们的社会中充斥着很多"小神童"，他们像成人一样精于各种舞台表现；我们也会看到有些小孩眼神中没有灵气，很小的孩子就已经老态尽显了，一点童真都没有；甚至有些孩子会让我们感觉到像是复制出来的一样……这些问题都与我们不够尊重孩子，看不见孩子的独特性有关。

任何一个生命都会因为你看不见他而变得很沮丧、难过，随之他必然会想办法寻找自己存在的价值。他可能会对你进行反抗，用尽全力去做一些大人不允许的事情，最终的目的却是为了彰显自己的价值，让你能看见他。这个过程中，因为你看不见他而带给他的那种沮丧，也会让他很愤怒。如果能够被看到，就能增加很多改变的可能性（机会、契机）。但如果你看不见，或者是说你对他愤怒的这个部分非常排斥和打压，那就很有可能会让一个孩子走向萎缩（生命力的萎缩）。

我想强调的一点是，当父母以普适性的规律来要求自己孩子的时候，其实也是某种程度的"看不见"。例如，有些家长看到自己两岁半的孩子还不如别人家一岁半的孩子说话好，就认为自己的孩子有问题，因而非常焦虑。虽然从发展的一般规律来说，两岁半的确开始进入语言的飞速发展期，但是每个孩子的发展是有着自己的节奏的，而且有着自己的水平和优势。

过于依赖发展阶段的一般性规律去评价和比较孩子，很容易让家长活在"别人家孩子"的焦虑中而看不到眼前真实的个体，不利于孩子的身心发展。

其次，我觉得每一个来到人间的儿童都是指引父母成长的天使。临床中很多案例都说明了这一点。有些家长自身很优秀，可是却养育了一个跟他截然相反的孩子（比如学习很差）。这样的亲子关系非常有挑战，但是假如这个家长能放下自己，跟随孩子的指引去看到自己需要调整和改变的方面，他们的个人成长和亲子关系都将迎来非常不同的体验。

从某种意义上来讲，孩子是来度化家长的。孩子有时候会放大家长们身上的不足，让家长有机会更深刻地看清自己真实的一面。比如，你觉得自己是个挺有耐心的人，可孩子会在某些情况下让你看到你没有自己以为的那么有耐心。那这个时刻就是帮你看见自己的时刻。这个过程可能不是那么的痛快，甚至还有些痛苦。

很多家长把自己没有实现的愿望倾注在孩子身上，也会因为孩子的某些行为触碰了自己的羞耻心而情绪躁动。好多家长最不能忍受的一点就是孩子的一些行为让自己有羞耻感，比如说在大庭广众之下哭闹打滚，很多孩子因此要挟家长并成功满足了自己的愿望。

如果家长不能把孩子当成是另外一个独立的个体来看待，而是把孩子看作自己的一部分，和孩子高度绑定，家长就会被孩子控制。当家长被孩子控制的时候，孩子呈现出来的不良行为就被等同为家长自身，其负面情绪以及相关的负面自我评价会被深度唤醒，家长就会选择用最快速满足孩子的方式来逃离这部分羞耻感，而这种解决问题的做法又恰恰强化了孩子通过哭闹获得满足的行为。

养育其实也是一场修行。作为父母，如果我们做好了准备去面对这样的生命场，拥抱这一路的真实，虔诚地面对各种困苦，相信生命的力量和潜能，那么这段旅程就会丰富而有趣。否则，这个过程可能让人倍感艰辛，同时又非常失落和沮丧。

最后，我觉得每个孩子来到世上，都有自己的使命。中国俗语说"儿孙自有儿孙福"，这句话特别有道理。仔细玩味这句话所传递的朴实道理，能在很大程度上缓解家长的育儿焦虑。

更重要的是，它传递了一个事实：孩子的命运不是由家长来操控的。说白了，孩子只是借由你的身体来到这个世界。家长的责任和使命是在孩子还没成人之前，给他更多庇佑和照料，帮助他更好地存活下来。在这个过程当中，如果还能更大程度地尊重他，创造一个安全且自由生长的环境就更好了。这里所说的"自由"并不是没有边界的随心所欲，而是在限定和规则内对生命原本样子的尊重和接纳。

在教育孩子的问题上我们只需要做到"不干涉"就已经很好了。在这个基础上，可以再稍稍有些促进（此促进不是家长们所认为的报兴趣班或过早地让孩子学习一些东西），我觉得真正的促进是美国心理学家罗杰斯的人文主义——无条件的关注和接纳、理解和支持。也是英国心理学家唐纳德·温尼科特[1] 所讲的"足够好的妈妈"的概念。足够好的妈妈，意味着你对孩子的需要能及时回应但又能留出发展空间。只有在爱、尊重、接纳的环境下，个体的生命潜能才能得到最大限度的发挥。

正如世界知名细胞生物学家布鲁斯·H·利普顿在他的著作《信念的力量》一书中说到的那样：对人类的婴儿和成人，最好的生长促进剂是爱。

2019 年 9 月我获得国家留学基金委的资助来到美国华盛顿大学心理学院访学一年，师从美国心理临床领域"功能分析治疗"（Functional Analytic Psychotherapy，简称 FAP ）创始人罗伯特·科伦伯格（Robert J. Kohlenberg）及其夫人梅维斯·蔡（Mavis Tsai），后者在 FAP 的基础上开创了 ACL 模式（Awareness, Courage and Love），旨在通过简单的指导语和练习活动促进个体提升亲密关系构建的能力，增进生活幸福感和推动社会和谐。

---

[1] 唐纳德·温尼科特（Donald. W. Winnicott. 1896–1971），英国儿童心理学家、精神分析学家，对客体关系理论有一定贡献。

　　本书正是在两位学者的殷切关怀之下完成的，他们关于生命、心灵、关系以及存在等很多方面的思考和观点给了我非常多的启发，我在与他们学术交流的过程中获得了极大的滋养和成长。2020 年春夏，我在美国经历了新冠肺炎在全球的肆虐、对生命的涂炭、对关系的冲击、对社会的影响。我们每一天所经历的事情都在对我们的生命进行重塑，而我们在岁月里种下的果，自己尝下，便是远方。

　　家庭教育是身为家长的我们必须面对的一个议题，它很重要，但它也不是唯一。当家长能正视家庭教育的重要性，又能将自己的其他角色与家长这个角色区分和整合，将家庭教育与家庭关系、家庭发展、家庭社会等所处环境联系起来，从生态系统等角度加以考量，认清自己的特点和长短板，善用自身的资源和优势，我相信每个家长都有机会成为陪伴孩子成长的最好的伙伴。

沟通

第一章

沟通（communication）是什么？

我问过很多人，有的人回答"沟通就是说话呗"；有的人说"沟通就是达成一致意见"；有的人回答"沟通就是让别人懂得自己的意思，理解自己"。还有一些人，没说出口，可我猜他心里想的是"沟通就是吵架"。比如当一个妻子跟老公说"我觉得我们需要好好沟通一下了……"的时候，老公心里想的则是："完蛋，又要找茬来指责我了。"

所以，到底什么才算是沟通呢？为什么日常生活中我们明明想要好好和对方沟通，最终的结果却总是不尽如人意呢？当你以为你在沟通的时候，你真的是在沟通吗？我们先来看一个生活故事。

生 活 小 剧 场

CC 14 岁，是一个初二学生，某天放学回来，兴冲冲地给正在准备吃饭的大家宣布消息："我的天哪！我们班今天发生了一件大事！绝对的大事！"

奶奶首先搭腔："叫唤什么，一个姑娘家，疯疯癫癫，快洗手吃饭！"

CC 没有理会，追着爸爸说："爸爸，爸爸，你听到了吗？"

爸爸饶有兴趣地说："你们班又怎么了？"

CC："我们班主任今天被 XX 同学气哭了，没上完课就走了，校长都来了！"

妈妈："现在的孩子实在太恶劣了，怎么能对老师这样，你还跟着幸灾乐祸，没班主任了你们班要怎么办？！"

奶奶："快洗手吃饭！说了好几遍了！"

CC 不理会："如果能换个班主任那该多好啊！"

妈妈："你这孩子，这么不懂感恩，再怎么说班主任也是为了你们呕心沥血，怎么能这样落井下石呢？做人要懂得感恩，不然以后怎么在社会上混呢？"

CC 从最初的兴致勃勃变得有点意兴阑珊，有点不想再表达什么了。

表姐（也就是我）赶紧接话："你们那个同学是怎么把班主任气哭的呀？"

CC 一听，又来劲了，吧啦吧啦说了一堆。

奶奶："快洗手吃饭，都凉了！"

妈妈："我觉得老师的处理是对的，就算你们不愿意不喜欢，在学校就应该听老师的话，老师都是为了你们好，你们还这样气老师，真不应该！"

CC有点来气："老师也不都是对的呀，学生也有尊严也有感受啊！"

爸爸："我觉得老师虽然做法有点激进，但是你们这样集体把老师气哭气跑的方式也不对呀！"

CC："反正你们家长都是跟老师一伙的，怎么都是我们不对！"

……

场面有点冷，大家都有点情绪不佳，奶奶在生气，因为唠叨了好几遍，孙女还是不洗手吃饭，精心准备的饭菜都要凉了。妈妈也有点生气，觉得女儿真是越来越叛逆，以前明明很听话很乖巧的。爸爸有点担忧，隐约觉得女儿虽然不是班级"动乱"的主要人员，但似乎也有不好的苗头。CC就更不满了，本来想跟大家分享一个爆炸性的消息，结果被家人说教了一通！这个不满可能有没有说尽兴的沮丧，也有被莫名指责的不满，还有对父母反应的失望。

这个场景在我们生活中并不陌生，甚至可能是很多家庭每天都会上演的戏码。如果你是CC，你会更喜欢和谁聊天？又为什么不愿意和他（们）继续聊下去呢？

心理学认为沟通是人与人之间、人与群体之间思想与感情的传递和反馈的过程，以求思想达成一致和感情的通畅。通过这个定义，首先，我们可以看出沟通中有两个基本的角色——传达者和接收者。就是说我们不仅要重视自身的表达需求，同时也要看到接收者的需求。其次，沟通有两个基本任务——传递和反馈。在表达自己和听取他人反馈的过程中达成彼此的理解。再次，沟通有两个基本内容——思想和感情。沟通不只是传递信息而已，它还有情感交流的功能。

现实生活中的沟通，尤其是亲子之间的沟通，有可能在上述的任何一个点上出现问题，导致沟通终止或关系破裂。

一 关于传达
——我们表达清楚了吗？

生 活 小 剧 场

周末的早上，家长来到孩子的房间发现孩子还没起床，忍不住说："都几点了，你怎么还在睡，还不起？"孩子不说话，也没有任何起床的动作。

这时家长可能心情开始变坏，语气加重，继续说："我的话你听不到是吧，你这孩子怎么这么懒！"睡梦中的孩子可能对加重的语气没有反应，翻个身继续睡。

家长的坏情绪可能会升级，提高嗓门继续吼："起个床都那么费劲，你还能干什么！晚上不睡，早上不起！臭毛病不知道谁惯的（跟谁学的）！"孩子可能还是无动于衷，但最后一句有可能点燃家庭里其他成员的情绪爆点。

接下来，更有力量的家长可能就会上手了，拉窗帘、掀被子，气急败坏地摇醒还在睡觉的孩子……有些家长可能因此恨铁不成钢，撂狠话："你爱睡不睡，起晚了饿着就是！不管你了！"

这个时候孩子会是什么感觉呢？他是捕捉到了家长话中"快点起床吧，晚点就没饭吃啦"的意思？还是他会觉得"父母真能唠叨啊！真烦人"？我觉得后者可能性更大吧。

其实家长最初就是在询问孩子为什么还不起床。但是从家长内心深处的心理期待来说，是希望孩子赶紧起来。然后，出现的沟通错位就是，家长用这样的方式催促了好几遍，可是孩子依然还在赖床，于是家长的情绪就上来了。这个情绪里可能有好几层意思。

- 我的话你听不到是吧——权威被挑战后的愤怒。
- 你这孩子怎么这么懒——对孩子的行为不满。如果刚好孩子的父亲或者母亲也有类似症状，那么这个不满的情绪会叠加。
- 起个床都那么费劲，你还能干什么——对孩子行为失望感的扩大化。

● 你爱睡不睡，起晚了饿着就是！不管你了！——对自己管教

无效的无力感。

......

情绪上来之后的沟通有个特点，就是会跟着情绪走，而不是跟着思维走。说话的人经常出现本来在说 A，情绪上来之后开始说 B、C、D 这种错位。而对方因为 BCD 都跟自己当下的行为无关，更加不想听，结果就导致了沟通问题加剧。家长情绪失控，鸟枪大炮一起上，孩子只觉得他们无理取闹，不能就事论事，因而选择拒绝沟通。生活中很多"谈不下去"的时刻也多源于此。

所以，家长们需要学着用清晰的表达指令与孩子沟通："现在已经 10 点了（给出一个客观的指标），该起床了（明确孩子的行为）！"

这种方法对学前阶段和小学低年级阶段的孩子来说，效果尤其明显。因为他们正处在规则形成阶段，对语言信息量的接收有限。如果指令里包含太多信息或情绪性太明显，孩子就会本能地产生抗拒，出现"充耳不闻"的情况。当我们修正了对孩子的指令内容，一次只给 1 ~ 2 个信息点，清晰、明确、不带情绪性地指责或抱怨等的时候，沟通效果就会大大提升。

除了清晰明确地传达信息以外，家长还需要学会用非攻击性的方式设立限制。著名心理学家胡科特有句教养的名言："不含诱惑的深情，不含敌意的拒绝。"直白一点的解释就是：家长对孩子表达爱意的时候要纯粹，不是为了某种交易，也不是为了什么功利的目的。同

样，在拒绝孩子的时候也要磊落，拒绝是在明确规则和限定，不是一种惩罚，也不是为了让孩子痛苦而故意为之。家长表达爱意的时候不扭捏不功利，表达拒绝的时候不纠缠不摇摆，才能让孩子理解表达的内容和含义，明确自己该做的和不该做的事情。关于限定（界限）这部分内容我们在第四章来讨论。

二 关于接收
——我们好好倾听了吗？

很多青春期孩子的父母会抱怨，孩子长大了就不爱跟自己说话了，说点什么都不耐烦。这里其实有很多原因，除了代沟，孩子有自己的精神空间、有更强的自主意识等影响因素以外，还有一个很重要的原因是，父母在跟孩子的沟通中经常是单向的、输出的、说教的，而不是互动的、交流的。这使得孩子在其中难以体验到表达和被倾听的快乐，只是被动地接收父母的指令。所以，我们在亲子沟通中经常会看到这样的场面：父母唠唠叨叨，孩子在旁边一言不发或充耳不闻。家长感叹孩子越大越不懂事，越不听话，不爱搭理人，却未曾想过在整个亲子沟通的过程中，家长只管自说自话，没有给孩子表达的空间，也没有好好听孩子讲话。当孩子有力量去选择、去离开的时候，他当然不会留恋这个并不愉快的谈话对象。

就拿开头的例子来说，CC 的爸爸妈妈就是"不会听"的家长。他们很愿意让孩子说话，只是在孩子说话的过程中，他们对信息的理解要么以偏概全，只关注细节不关注整体；要么只听表面信息而忽视了背后的情感反应，让孩子感到自己无法被理解，渐渐失去了倾诉的欲望。而奶奶则是直接不听，不管表妹说什么，她都在讲自己要说的内容，完全没有互动。

如果我标注一下例子中家长出现的问题，可能就更直观了。

CC 14 岁，是一个初二学生，某天放学回来，兴冲冲地给正在准备吃饭的大家宣布消息："我的天哪！我们班今天发生了一件大事！绝对的大事！"

奶奶首先搭腔："叫唤什么，一个姑娘家，疯疯癫癫，快洗手吃饭！"

>>> 无视

CC 没有理会，追着爸爸说："爸爸，爸爸，你听到了吗？"

爸爸饶有兴趣地说："你们班又怎么了？"

>>> 表达关注

CC："我们班主任今天被 XX 同学气哭了，没上完课就走了，校长都来了！"

妈妈："现在的孩子实在太恶劣了，怎么能对老师这样，你还跟着幸灾乐祸，没班主任了你们班要怎么办？！"

>>> 不分青红皂白地说教

奶奶:"快洗手吃饭!说了好几遍了!"

>>> 典型的只传递,不接收

CC不理会:"如果能换个班主任那该多好啊!"

妈妈:"你这孩子,这么不懂感恩,再怎么说班主任也是为了你们呕心沥血,怎么能这样落井下石呢?做人要懂得感恩,不然以后怎么在社会上混呢?"

>>> 上纲上线

CC从最初的兴致勃勃变得有点意兴阑珊,有点不想再表达什么了。

表姐(也就是我)赶紧接话:"你们那个同学是怎么把班主任气哭的呀?"

>>> 关切

CC一听,又来劲了,吧啦吧啦吧啦说了一堆。

奶奶:"快洗手吃饭,都凉了!"

>>> 没有效果的反复传递

妈妈:"我觉得老师的处理是对的,就算你们不愿意不喜欢,在学校就应该听老师的话,老师都是为了你们好,你们还这样气老师,真不应该!"

>>> 说教

　　CC 有点来气："老师也不是都是对的呀，学生也有尊严也有感受啊！"

>>> 反抗

　　爸爸："我觉得老师虽然做法有点激进，但是你们这样集体把老师气哭气跑的方式也不对呀！"

>>> 急于评价和教育，对背后的情绪关注不够

　　沟通是传达和接收的双过程，父母在跟孩子对话的时候，不能只在意自己说了什么，还需要学会倾听孩子表达了什么。在古文字中，"听"写为"聽"，这意味着我们在倾听的时候，需要用最强的（王的）耳朵，用十个眼睛（十，横着的目）和用一颗心去听。

　　那到底怎么做才是"会听"呢？

　　首先，良好的沟通需要创设安全的谈话氛围。因为讲话是一个自我暴露的过程，随着讲话内容包含的情感性元素越多，这个自我暴露的过程就越充满风险，充满着被否定、被评价、不被理解以及不被关注的风险。所以，为了让沟通能顺畅进行，倾听者的第一要务就是确保提供一个有安全感、支持感的谈话氛围，让讲话者能鼓起勇气去进行这个有风险的活动。安全感的基本要义就是不伤害。这意味着当孩子在表达的时候，家长要尽量用一些非言语的方式去营造安全感，例如，尽可能专注，别同时做其他事情，保持自然的眼神接触，充满兴

趣但也要克制自己迫切的心情，允许孩子用自己的节奏和方式表达，保持耐心，不打断孩子，用点头或者简单的"嗯""然后呢"这种方式做简短的回应，表明自己有在听。如果孩子情绪比较激动，可以适当地进行一些身体接触安抚情绪，在孩子情绪稳定后鼓励其继续表达。切忌在没有听完前作简单、粗暴的指责和评价。

其次，家长在听的过程中要尽量先放下自己的预设，尤其是先搁置自己急躁的情绪，带着一颗"愿意了解"的心，关切询问发生了什么。要记住，任何时候家长都是孩子的模仿对象，如果我们不希望孩子养成"不分青红皂白"的解决问题的方式，那我们在解决他们的问题时就得作出表率。家长要明白，在解决问题之前弄清楚问题才是最关键的。所以倾听的时候，要抓住孩子话题中的主要问题，去思考孩子为什么想要跟家长说这些，孩子在意的到底是什么，努力去理解孩子，尝试从孩子的角度和立场去看待发生的事情。这样的表率也很重要，能让孩子明白在沟通中考虑"他人角度"的重要性。

最后，也是最重要的倾听要素，那就是"共情"。通俗地说共情就是去感受核心问题背后的主要情绪，去理解和接纳这个情绪。心理学关于沟通的研究发现，倾听者在回应的时候学会辨识提供**情感支持**（共情）还是**工具支持**（问题解决的策略建议）非常重要。尽管对方说的是事情、问题、困难，但并不一定需要倾听者提供分析、评判和建议，有些时候，这些信息背后的情绪更值得关注。特别是一些有悲痛和丧失感的负面事件，当事人在第一时间需要的都是情感支持，这个时候如果没有做好共情，过早地着眼问题解决，在对方没有要建议的时候就给出自己的意见，反而会影响沟通的进程并对关系产生负面的影响。这个部分的领悟，对亲子关系、伴侣关系以及其他家庭成员关系都尤为重要。后面讲到沟通中的回应时，我会重点讲这部分。

在上述三个层次的"倾听"下，当事人被很好地关注、理解和共情后，将会更愿意表达，会极大地促动沟通。

所以，刚才那个生活故事的后半段是——

　　我觉得这么冷下去不太好，尤其严重打击了表妹在家中说话的意愿。在CC低头扒饭的时候，我感叹："哎，听你这么一说，感觉好像你们班平时对班主任积怨已久啊，趁着这事集中爆发了。"

>>> 对话题背后情绪的感知和表达

　　CC嘿嘿笑了两声，点了点头。
　　我继续："你们最不满意班主任什么方面啊？"

>>> 关切的了解

　　CC吧啦吧啦又说了一堆，例如班主任太严格、强势，说话太犀利，不考虑同学感受，最重要的是不公平公正，对学习好的网开一面，对学习差的就态度冷漠，等等。
　　期间我数次用眼神止住了她妈妈想要插言的举动。

CC眉飞色舞地说了一通。

我继续："那现在班主任给气哭，跑了，你们班打算怎么办呀？"

>>> 关切的询问

CC说："过去班长或者学委去请一下老师就回来了，这次几个班委一起去都没请回来，后来校长来了，所以不知道后面会怎么办。"

我继续："你真的觉得趁机换个班主任是最好的选择吗？"

>>> 探讨

CC："也不一定，新来的老师说不定更厉害，而且也不了解我们班，万一来个刚毕业的没经验怎么办。现在的班主任虽然厉害，但是很有经验，讲课还是很好的，如果对我们好一点，大家还是挺喜欢的。"

我继续："呀，看来你也不是那么讨厌班主任嘛，那你跟她的关系怎么样啊？"

……

谈话大概进行了半个多小时，整个过程大人没有急于说教和过度评价，因此CC觉得谈话的氛围很轻松很安全，说了很多学校的事情。

父母也在这个过程中发现，其实孩子对学校发生的很多事，都有自己的理解和分析。其思维虽然有年轻人固有的单纯、极端、不确定，但并没有上升到价值观如何的程度。而且因为共同探讨，CC 也开始好奇我们大人对这种问题是怎么想的，为什么这么想，这个时候点到即止的引导和教育才可能会奏效。

在上个例子中，大家会发现，仅仅倾听还不够，为了促进当事人更好地表达，为了更全面地了解所发生的事情，为后面的教育和引导做铺垫，倾听者在沟通的过程中进行及时和有效的反馈也非常重要。前面我们说了，家庭中常常产生无效沟通的一个原因就是家长或者某个家庭成员只顾单方面表达，没有互动和反馈。沟通是单向的，不是闭环的，也就无法促进双方交流。

三　沟通是一条双向路，有来有往
——有效反馈的重要性

我们常常说"助人为乐"，但其实在现实生活中，你会发现这是一件很容易纸上谈兵却不那么容易施行的事情。"越帮越忙""好心当作驴肝肺""出力不讨好""热脸贴了冷屁股"……这些揶揄助人者的俗语无一不道出了助人者的尴尬境地。因此，我们说助人不是一件简单的事。带着这样的感悟去反思沟通，就能理解在沟通中提供有效反馈也不是那么容易。

我们要意识到，反馈是为了谈话的继续而不是谈话的终结，充满安全、信任和支持的谈话氛围是促进谈话继续的必要条件，因此，在亲子沟通中，家长进行反馈的第一要义就是要有助于孩子愿意继续表达，而不是让其偃旗息鼓或者意兴阑珊。前面我们提到，当对方没有明确要求建议的时候就贸然给予分析和意见，不仅不能助人反而容易破坏关系。这是因为在没有准备好的情况下获得他人"过度的帮助"会让孩子的自我效能感降低，对自己的问题解决能力产生怀疑，甚至觉得自己"无能"的一面被公开了，导致更大的情绪压力。有些跟孩子自我感受不一致的"好心建议"也容易让其行动力减弱，表现得更差，产生更大的自我否定。

那么，有效的反馈应该是怎么样的呢？

1_"不比较"的反馈

家长反馈的时候要回避"比较"，典型句式如"你看看人家XXX……"。相信大家都听过"别人家孩子"的故事吧，这似乎是每个孩子成长中最痛恨的"天敌"了。这个"天敌"让人最无奈的地方是，TA 是一个综合性的存在，TA 会在任何父母觉得孩子需要改变的时候出现，根据不同的议题出来的 TA 会有很多个。不管你多努力，你总会有被某个 TA 比下去的地方。

很多家长认为提到"别人家的孩子"是为了树立榜样，是好事。殊不知，这是大大误会了"榜样"学习。

榜样是心理学家班杜拉在其社会学习理论中提出的一个重要概

念，也叫"观察学习"，是人类行为学习中一种非常重要的途径。榜样和比较的差别就在于：前者是主动的，后者是被动的。观察学习的第一个过程是"注意"，即观察者必须从主观上将示范者（榜样者）的行为纳入到意识中，经过之后的保持、再现、动机，以及每个阶段过程中各种复杂因素的交互作用，最终才能产生观察学习的结果。

　　而在个体没做好准备的时候，简单粗暴的强行比较，只会让个体产生很不好的心理体验，并不能达到榜样的学习效果。对年幼的孩童来说，这个比较的过程还会让 TA 产生"自己不够好""别人才是对的"等低自尊的自我评价，进而形成处处看人脸色、羡慕别人、用外在的评价体系来管理自己的行为方式。久而久之，就会失去与内在真实自我的连结，丧失个体的独特性，这样的孩子在青春期以及青年早期很难顺利完成"自我认同"的心理发展任务而导致成年后的生活只是做"该做的事情"，很难活出真实的自己。

2_"不评价"的反馈

　　家长反馈的时候不要做太多的"评价"。这里的评价指的是一种点评，多是二元属性，例如好与不好，对与不对，表扬和夸奖与批评和否定，前者叫正面评价，后者叫负面评价。负面评价带来的危害跟比较不相上下，容易挫伤孩子的自尊心，形成负面的自我感受，导致孩子更容易沮丧和放弃。一些聪明的家长可能会领悟到，多表扬和赞美是不是更好一些呢？的确，在家庭教育中，有这么一种观点：好孩子是夸出来的。不管孩子做了什么，都应该以积极的视角进行反馈，多赞美，多表扬。我并不反对表扬和赞美，但我希望家长们不要把这种方式当作万金油，经常使用，处处使用，这样可能会取得反效果。因为事实上，赞美也是一种评价。

曾经有这样一个心理学实验：参与实验的儿童分为 A 组和 B 组，先一同解完一组简单的数学题。然后研究者给了每个儿童一句反馈。对 A 组倾向于赞美他们的智力："哇，你太聪明了！"对 B 组则倾向于赞美他们的努力："你平时一定很用功。"接着，研究者给了孩子们一组更难的题目来解答。实验表明，A 组的孩子倾向于完成难度较低的任务，遇到困难更难坚持，容易焦躁，更担心失败，甚至表现出自尊水平的下降。

为什么会出现这样的结果呢？当我们受到赞美之后，我们常常会害怕自己配不上这样的赞美，因此平添了不少压力。出于压力，我们会更愿意重复相同的工作——反正我做这样的事情足以获得赞美，为什么还要冒险去探索更大的世界呢？更严重的情况是，我们干脆什么都不做了，用放弃来回应赞美。原因很简单：冒险意味着有失败的可能性，而失败的体验对自尊的维系不利。所以，赞美孩子并不总是能取得好结果。

那不评价的交流方式是怎样的呢？它只关注具体发生了什么事，而不进行抽象的判断、定义，尤其不会针对人进行褒贬。简而言之就是关注过程而不是结果。一个不评价的老师，会这样问学生："你最近常常不做作业，发生了什么呢？"而一个带有评价性的老师则会

说："你最近怎么老不做作业？"前者是在关心一件事的发展过程，
而后者则是针对结果进行训诫。

不带评价的交流意味着描述经验本身。通过不评价的交流，我
们表达出对人的兴趣。对画画的孩子说："这是你画的花园啊，这是
树吧，树上有一只鸟，树下这个人是在看书吗？"对下棋的孩子说：
"刚才这一步的时候，你选择了舍马保车，他一下就没有了直接将军
的可能性，但是你的车和炮都保存下来了。"

不带评价的交流意味着，家长在与孩子的交流中会更多地表达自
己的感受，专注于孩子做了什么，聚焦当下谈论问题而不是过多地去
谈过去和未来，着眼于对孩子行为的具体反馈而不是上升到对人的讨
论，更多地强调努力而不是结果。

感受一下下面列举的几个表达，前者是非评价性交流，后者是评
价性交流，是不是能玩味出其中的差别了呢？

- 你做完有什么感受？——你觉得自己表现得怎么样？
- 你把鞋子擦得好干净。——你比他们擦得都干净。
- 你现在好喜欢拼图啊！——你过去怎么不喜欢呀？
- 谢谢你的帮忙。——你真是好孩子。
- 你球传得真准啊！——你赢了，真棒！

3 _ 带着"共情"和"接纳"的反馈

当我们进行反馈时，要在共情和接纳的基础上进行。前面我们讲

倾听的时候提到了共情这个概念，这里再多讲一些。因为共情是良好沟通的基础，贯穿于传递和反馈的全过程。

共情（empathy），也翻译成同感，同理心。这本来是心理咨询的一个专业用语，是著名人本主义心理学家卡尔·罗杰斯提出来的，指的是人们体验别人内心世界的能力。因为太深得人心，现在已经成为一个耳熟能详的词汇。当我们在沟通中强调共情的时候，不是让大家都做到心理咨询师的专业程度，而是希望提醒大家：在沟通的过程中，在表达自己内心、倾听别人内心的过程中，努力去体验对方的内在世界，包括情绪、思维、信念、知觉、行为以及它们之间的相互影响很重要。共情能让我们的倾听变得更有效，是更高级的倾听。

让我们举一个特别常见的亲子沟通的例子：孩子考试成绩很差，回来后你们要谈谈这次考试为何失利这件事。

倾听的第一层是**听到了**——父母听到孩子说今天期中考试成绩出来了，并不理想，甚至可以说很差。

倾听的第二层是**听懂了**——父母听了孩子对自己成绩不理想的各种原因分析，觉得有一定道理，能理解和接受。

倾听的第三层是**感受到了背后的情感**——父母在理解和接受孩子本次考试成绩不理想的原因后，感受到了孩子因成绩不好而导致的沮丧和挫败，因担心父母批评而导致的害怕和紧张，以及对未来自己是否能学好的些许担忧等等各种复杂情绪。

在现实生活中，多数父母只做到了第一层，这时对应的沟通反馈可能是：

- 你还有什么用，一个期中考试都考不好！

>>> 批评

- 行啦，反正你怎么学也考不好，你就是这样，关键时刻掉链子！

>>> 贬损

- 我早告诉过你不要大意，要好好准备，现在知道了吧，晚了！

>>> 说教

这种沟通模式如果频繁地发生在亲子关系中，会让孩子越来越沉默、逃避。

好一些的父母能做到第二层，那么对应的反馈可能是：

- 好的，知道了，既然你自己分析得很清楚，接下来就好好努力吧。

>>> 相对平和

- 不要总是找原因和借口，要看到自己努力的不足，更加用功才行。

>>> 略微不满

- 每次都分析得头头是道，为什么还是考不好？认真学才是王道。

>>> 看似理解实则不满意

这种倾听比第一层略有耐心，孩子虽然没有被安抚，但至少没有被误解。所以如果家长多为这种反应，孩子们在小的时候应该还是愿意表达的，但随着事情越来越复杂，情感矛盾越来越多。这种沟通也会让孩子逐渐回避与父母的交流，家长很难再走进孩子的内心，也就很难真正安抚孩子、帮助孩子。

如果我们努力去做到第三层，那就可以说：

- 嗯，你刚刚分析得挺全面，这次没考好，自己也不好受吧。
- 嗯，爸妈知道你努力了，结果不尽如人意，你一定也很难过和失落吧。
- 我觉得你分析得挺对，其实爸妈更想告诉你，学习是一个比较长期的过程，有起有落是过程的一部分，而且有意义的部分也不一定是成绩本身，例如你现在的各种情绪体验也是很棒的学习呢。

共情，传递出了父母对孩子的关注和理解，营造出一种关心、温暖、安全和信任的谈话氛围。其实，沟通最大的意义不在于倾听者帮表达者获得问题的解决方案，而在于沟通本身是为了促进表达、促进了解、促进亲密感和信赖感的建立。当这些过程顺利进行的时候，解决问题就变得不那么困难了。也就是说，**在沟通中，提供情绪支持要远比工具支持更有效。**

如果孩子在解决问题的具体过程中需要进一步的指导，家长再提供工具支持。这种应对顺序能让孩子的情感得以表达和安放，在加强亲子关系连结的同时，让孩子更有安全感，并为孩子独立解决问题提供了空间和机会，长远来看，更有利于孩子问题解决能力的培养。

生 活 小 剧 场

HH 三岁半，妈妈要去外地出差三四天。临别前一晚，HH 很不舍。虽然从一个月前就开始接受妈妈要出差的事情，情绪也从最初坚决不同意到现在能积极面对，但是分别在即，依然伤感。反反复复，各种姿势搂着妈妈，舍不得睡觉，嘴里念叨着，商量着："妈妈，你去外地出差我会哭的，你在北京我就不哭了。"略带傲娇，但有哭腔。

妈妈拍拍他："嗯，妈妈知道你舍不得，有点难过。这样吧，你想哭的时候让姥姥抱抱你，好不好？让爸爸抱抱你也行。"HH 想了想，点点头，同意了，情绪好一些。

过了一会儿，HH 问："妈妈你可不可以不出差，为什么要去外地工作？你可不可以不去？"

妈妈想了想，抱着他轻声说："妈妈呢，大部分的工作是在北京，但是偶尔有些工作需要出差，跟爸爸一样。等妈妈到了酒店，给你连视频，让你看看房间，你觉得怎么样？" HH 一下子想起了爸爸出差时在视频中看房间的兴奋感，情绪好了一些。

又过了一会儿，HH 说："妈妈，你能不能带我一起去出差，我陪着你去工作，可以吗？"

妈妈为他的深情已经非常动容了，亲吻他，然后告诉他："好的，宝贝，妈妈知道了，你想跟着妈妈一起。但是这次已经来不及了，下一次，我们提前商议，安排一下，好吧？爷爷奶奶明天会来哦，走了一个，来了两个，HH，家里人又多了耶！"

HH 想了想，点点头，约定好下次一起出差，念叨着爷爷奶奶，慢慢睡着了。

四　沟通中的一些小技巧

1_"我"开头 VS "你"开头

大家不要小看了这一个字的差别，很多时候，生活中正是这样一个小的用词的变化带来了非常不同的沟通体验。

我们想象一个场景：在拥挤的公交车上，你需要挤过人群才能下车。这时候你通常会怎么说？

人们常说的方式有两种："让一让"，或是"借过"。

　　仔细品味一下这两句意思相近的话，有什么不同吗？其实感受细微差异的方法很简单，就是常做换位思考。假设自己站在拥挤的公交车上，如果有人挤过来，这时候你听到"让一让"或"借过"，哪个让你更愿意挪动又没有反感？

　　应该是第二个吧。

　　这两句里都隐藏了主语：（你）让一让，（我）借过一下。很明显，如果你对对方提出需求（你想挤过人群下车就是你的需求），需要别人配合，这时候如果以"我"为开头表述，对方更愿意去接纳我们的感受，做出配合我们的动作。而以"你"为开头，则会让对方感到被命令，更容易产生抵触的情绪。

　　在家庭成员，特别是亲密关系之间，这种说话方式带来的效果差异也很明显。

　　妻子下班回家，看到老公把袜子随意地扔在地板上。

　　妻子说："哎，你这个人怎么这样啊，你怎么老是乱扔袜子？"

　　对方听了会是什么感受呢？

　　如果我们变换一下主语，妻子说："早上刚收拾完，袜子又这么扔在地上，我觉得很不舒服。"

　　这样的表述带给老公的心理体验是非常不同的。"你怎么老是乱扔袜子"是对老公的指责，容易激发出老公的防御，要么辩解，要么不情愿地服从，心情总是不那么好。"我觉得很不舒服"更多的是在表达自己的感受，老公应声去收拾袜子是一种主动行为，被指责和要求的感觉比较少，心情可能更多的是不好意思和歉疚。

当然不是说，我们需要把所有以"你"开头的句子都换成"我"开头，只是我们要意识到这种差异性。尤其是当我们想表达一些不同立场的时候，用"我"开头的句式更容易缓解沟通双方对立的感觉，也可以尽量避免让对方产生"自己被指责"的感觉。随着孩子年龄的增长，自我意识会逐渐增强，以"你"开头的句子可能会加重父母跟孩子之间的紧张感，造成不必要的误会和冲突，阻碍进一步的沟通交流。

2 _ 开放式提问 VS 封闭式提问

孩子不愿意跟家长沟通学校里发生的各种事情，还有一个重要原因就是家长的询问方式。

比如，接孩子放学回来的路上，家长关心地询问孩子"今天过得开心吗？""今天作业做完了吗？"，孩子通常的回答不外乎"开心 /不开心 / 还行"，"做完了 / 没做完"。

这种就是比较典型的封闭式提问。封闭式提问指的是提问者提出的问题带有预设的答案，回答者的回答不需要展开。封闭式提问一般在明确问题时使用，用来澄清事实，获取重点，缩小讨论范围。但是对家长来说，很多时候询问孩子并不是单单为了确认结果，而是希望能更多了解孩子今天在学校的情况，那就意味着我们需要变换一下提问的方式。

所谓开放式提问，指的是提出比较概括、广泛、范围较大的问题,对回答的内容限制不严格,给对方以充分自由发挥的余地。开放式问题常常运用包括"什么""怎么""为什么"等词在内的语句发问,让对方对有关的问题、事件给予较为详细的回应,而不是仅仅以"是"或"不是"等简单的词来回答。这样的问题是引起对方话题的一种方式,使对方能更多地讲出有关情况、想法、情绪等。

　　家长如果更在意的是跟孩子开展一个愉快的聊天而不是确认某些事件的结果,那么关心的提问可以调整为"今天过得怎么样?""给我分享一下今天的学校情况吧""今天老师都布置了什么样的作业呀?""你今天怎么出来这么晚啊,能告诉我发生了什么吗"……

　　封闭式提问和开放式提问都是交流中常用的方式,都很重要,在不同的场合下发挥不同的功能。如果想澄清某件事,在最短的时间内确认结果,就需要用封闭式提问。医生在门诊看病人时,通常时间短任务重,医生就会多使用封闭式提问,尽快锁定症结所在。精神科医生进行诊断评估的时候也会更多使用结构化的、以封闭式提问为主的访谈,因为这样能聚焦问题。但是,对想要迫切倾诉自己病痛的患者来说,只是回答是 / 否,并不能很好地表达自己的患病感受以及获得足够的情感支持,因而会对医生颇有微词,严重的时候可能引发更多的冲突。

　　由此可见,虽然封闭式提问能有效聚焦问题,提升效率,但因为是一方主导,没有顾及另一方的表达自由,所以可能会影响关系,阻碍深入沟通。

　　开放式提问则刚好相反,虽然由一方发起,但是完全尊重另一方的表达自由，对各种话题保持一种开放的态度，因而可能有意想不到的收获。如果时间充裕，双方又需要增强了解，或者想要尽可能广泛深入地获得彼此的想法、感受、思考，这种方式就非常合适，而且能带给人自由、放松和舒适的感觉。但是开放式提问的缺点也比较明显，容易跑题，很难聚焦，抓不住重点，耗费时间和精力。

所以，在生活中家长最好根据自己的需要选择或者综合使用不同的提问方式。发起沟通的时候最好从开放式提问开始，然后选择其中自己感兴趣的或不确定的信息进行封闭式提问进行确认或者澄清，如果希望得到进一步的信息，可以围绕相关话题再循环使用开放式提问。

3 _ 肯定的时候不要加"但是"

前文说了，反馈的时候尽量具体到事情、行为、问题本身，而不要笼统地针对个人，不管是表扬还是批评，尽量"去评价化"。但生活中有时候也需要我们及时表达自己的欣赏、肯定，这也是表达支持的一种重要方式。如果孩子做了一件非常棒的事情，或者跟你分享了一件非常开心和积极的事情，你想充分表达你的欣赏和肯定，这时候最简单也是最佳的做法就是直截了当地积极回应。

例如，"哦，听上去真不错！""哇，真的吗，你太棒了！""天呐，真是不可思议"。总之，就是用正面的词语来反馈，不要加"但是"！

心理学的研究发现，如果我们对积极事件进行反馈的时候，一旦加了"但是"，前面的正面回应也有可能会被认为是虚伪的，对方会关注"但是"后面的内容，导致原本愉悦、高涨的心情大打折扣，甚至会认为自己没有被理解、关注、认可和欣赏，或者觉得反馈者嫉妒、挑剔、冷漠和贬低，反而会破坏双方的关系以及积极的情绪体验。

要记住，这一点在任何关系中都适用。

我们在沟通的过程中，需要谨记：

- 安全的谈话氛围很重要，学会用言语和非言语方式让对方感受到安全。
- 倾听的时候不仅要去听、听懂，还需要理解内容背后的情感。
- 回应的时候尽量"去比较""去评价"，用共情和接纳的态度真诚反馈。
- 表达自己想法的时候要清晰、明确，注意"我"开头话语的意义。
- 提出问题的时候要注意切换不同的提问方式。
- 对积极事件的最佳反馈就是表达你的欣赏、肯定，没有"但是"。

上述的内容适合很多家庭沟通的情况，只要孩子有了一定的言语能力，家长都可以通过上述的方式来增进跟孩子之间的沟通。即便两岁多的孩子，言语的表达能力还非常有限，但是不代表孩子听不懂大人的语言，用孩子能接受的方式，例如配合着游戏、故事、绘本，共情地、简明地、耐心地沟通，本身就是促进孩子言语发展的一种方式，同时也是帮助孩子学会用语言界定内心感受的一种方式。这样孩子从小就能学会，除了哭闹、手舞足蹈等躯体方式，需求和情感也可以通过语言表达。

以下是成人跟幼儿之间沟通的生活小故事。

（1）跟2岁2个月的宝宝沟通打预防针的事情。

生 活 小 剧 场

HH该打预防针了，春暖花开，我们决定把此行的性质安排成外出活动。为了降低HH对打针的反应，提前一天就开始做预备工作。HH最近对乘坐大巴特别有兴趣，于是头天晚上，睡前故事替换成聊聊明天要去哪儿。

我首先问HH，周一坐大巴的感觉怎么样，HH说真好玩，还想坐。我接着说那我们明天打针的时候也坐大巴去，好不好？HH说"好"，充满期待。

然后我简单说了一下为什么要打针，阿姨一般怎么做，通过反复演示让HH熟悉过程，HH开心地说见了阿姨要打开衣服，露出胳膊，嘱咐阿姨轻点。我赞许地点点头，然后继续大巴的话题，直到睡着。

第二天一早起来，我问 HH，"我们今天要干吗呀？" HH 很兴奋地说，"吃饭后去打针，HH 要坐大巴去打针"。从出门到候诊都异常顺利，开心。

轮到 HH 了，HH 自己拿着小本本给护士阿姨，说："HH 要打针。"阿姨也非常配合地问了 HH 的名字、年龄，给予积极的回应。在愉快的对话中打了第一针。

挑战来了，这次要打两针，还要换个胳膊。能忍住第一针的 HH 是不是能坚持到最后呢？

在准备第二针的空档，我问 HH 刚才打的哪个胳膊。HH 指着左胳膊说"这个"，我接着说，"哦，左胳膊打完了，阿姨说好勇敢，右胳膊也想打呢，我们也让它试试吧。" HH 正在犹豫，阿姨趁机说，"我猜猜哪个小胳膊最勇敢啊，我觉得是右胳膊。"我帮 HH 伸出右胳膊，阿姨麻利地打完了，给了一个大大的赞。

就这样，HH 全程无哭闹，心情好，带着"真勇敢""真棒"的赞誉打完了两针。奖励就是又坐了大巴回家。其实距离只有两站，等车、上下车的时间都够步行了，但 HH 很开心很满足。提前做预警工作，让我们都有好心情！

（2）跟 3 岁的孩子谈论"死亡"（HH：3 岁的孩子，MM：妈妈）。

生 活 小 剧 场

HH来了，姥姥特意买了几条小鱼观赏、喂养，有一条略大的今天状况有些不好，预计活不久了。

HH关切地问：这条小鱼怎么了？

姥姥：它快死了。

HH不理解死是什么意思，还有点兴奋。

MM：小鱼死了就会没有了。

HH：小鱼为什么会死？

MM：它可能生病了吧。

HH：给它吃点药就好了吧。

MM：嗯，可能吃药也好不了了。

HH：为什么？

MM：因为有些病药也治不好。

HH有点不理解：那我们再买一条吧。

MM：可以买，但是，买回来的已经不是它了。

HH（有点理解死的意思了）：我还想要它，不想它死。

MM：它病了，可能会好起来，也可能会死。

HH：它死了去哪里？

MM：嗯，一个叫天堂的地方。

HH（表情有点轻松）：天堂远吗？

MM：嗯，远。

HH：那它还能回来吗？

MM：嗯，可能休息一段时间，变成别的东西回来。

（HH 的表情有点悲伤，嘴角一撇一撇的，似乎更加理解了死的含义。）

HH：妈妈，我想它快点回来，让它坐飞机回来吧。

MM：哦，好，如果它愿意的话。

然后接下来的几分钟，HH 自己编了好长一段小鱼来回天堂乘坐各种交通工具的故事。中间数度嘴角一撇一撇，眼睛满含泪水。我只是看着他，听他说，没有做声。

突然，HH 闪着眼睛说："还是不要去天堂了，让它去爷爷家吧。爷爷对它说阿弥陀佛保佑你，它就好了。"爷爷信佛，这个春节教会 HH 的就是早晚在家里的小祠堂叩拜祈祷。想不到，HH 竟然能在此时想到。因为想到这个，HH 心情逐渐好起来，开始设计小鱼去爷爷家的行程。

MM：待会小鱼如果一动也不动了，我们就把它捞出来，你跟它说再见，说阿弥陀佛保佑你，它就去爷爷家啦。

HH：好的。小鱼别害怕，去爷爷家吧。爷爷能保护你！

（3）跟四岁的孩子沟通"担心"。

生 活 小 剧 场

原本 2 岁多时很喜欢看舞台剧的 HH，因为 3 岁的时候看了一场电影《彼得兔》被开场的音乐和场景吓到了，之后拒绝看各种演出。在缓解了一年之后，HH 表示愿意尝试非电影的舞台剧，但是依然有些犹豫。尽管之前 HH 答应了一起去听合唱团，临近又打了退堂鼓，主要的担忧就是座池太黑。一晚上都在跟妈妈纠缠"明天不想去"这个话题。

MM：HH 你为什么不想去？

HH：怕黑。

MM：你还没去怎么知道那里黑？

HH：上次黑。

MM：上次是看电影，这次看合唱，不一样。

HH：……还是不想去。

循环 N 遍上述谈话后。

MM：宝贝，今天先不谈这个话题了。

HH：为什么？

MM：反正也不是今晚看，等明天再说好不好？你再考虑一下，先睡觉，明天起来再想。

HH：妈妈，你再陪我谈一会儿，我想谈一会儿。

MM：谈一会儿让你好一些？不那么怕了？

HH：是。

MM：好吧，那你觉得明天怎么安排？

HH：姥姥接园，去肯德基买晚餐，去学校接妈妈，一起打车去，车上吃薯条，到了以后继续吃。（晚上酝酿的时候妈妈的原话）

MM：好的，然后呢？

HH：然后进去看看黑不黑，如果黑就出来等爸爸。

MM：好的，如果不黑呢，或者尽管黑你能接受呢？

HH：呃，那就听一会，如果好听就继续，不好听就出来等爸爸。

MM：好的，我们先去听，如果好听，就继续，如果不好听，你不喜欢，你就出来跟爸爸一起。

HH：呃，如果爸爸没来，需要有个女生，妈妈或者姥姥陪我在外面，爸爸来了，你们回去继续听。

MM：好的。那如果很好听呢？

HH：那就一直听，通过语音放给爸爸听。

MM：好的，你觉得现在好些了吗？能不能睡觉了？

HH：嗯，我觉得好多了，睡吧。

- 允许孩子表达他内心的意愿，但这不一定就代表决定，表达本身大于结果。

- 可以通过反复的、耐心的探讨减轻孩子的担忧，很重要的是给孩子可以后退的可能性空间，但不一定非得立刻作出后退的选择。

- 提供更多积极、可能的假设。孩子的恐惧可能会泛化、夸张，激发出来的负性情绪体验会强化这种恐惧。耐心地陪着孩子一起面对和应对这种情绪，而不是一味地选择回避和放弃，更有意义。

- 整个过程要避免强势的、烦躁的、嫌弃的或嘲笑的态度，陪伴着、支持着，给予更多鼓励，让孩子去尝试，同时接纳可退后的状态，这样能给孩子更多安全感，勇敢地迈出那一步。

（4）跟五岁的孩子再谈"死亡"。

生 活 小 剧 场

一天，我们一起深度谈了死亡。话题是从变老开启的。

MM 对姥姥感慨：我也是接近四十的人啦！

HH（急忙插话）：妈妈一点都不老。

MM 摸着他的头说：真的吗？但是人都会变老的。

HH：会像老爷爷一样老？然后呢？

MM：然后就会去世，也就是死亡。

HH：死了以后呢？去哪里？

MM：去天上吧，也可以去地下。

HH：想你了怎么办？

MM：爱你的人都会变成风雨雷电日月星辰，守在你的身边。他们这样陪伴你，你感受到这些自然就感受到了他们。

HH：我呢？我也会死吗？

MM：会的呀，活着的生命都会有死亡的那天。

HH：那我也会变成自然，去找你们？

MM：对的。

HH：你会在天上等我？

MM：会。

HH：我不想做风雨雷电日月星辰，太多了，我分不清你们，咱们约定就做云彩吧。

MM：好呀！

HH：我不想一直做云彩，我找到了你，还想继续做你的宝宝，跟你一起在这里。

MM：可以呀！

HH：怎么样才能再成为你的宝宝？

MM：跟今世一样，你在天上好好挑选，找到妈妈，就告诉天使"我要去这家"就可以啦！

HH：天上怎么选，能看清吗？有屏幕吗？有遥控器吗？

MM：有的，高科技，看得清，不会选错。

HH：那死了以后，怎么上天？

MM：死了以后，通常火化，装在一个小盒子里，然后变成尘，就很容易啦！

HH：我觉得那样太疼了，能不火化吗？

MM：也可以，直接埋在土里也行，有个更大的盒子可以装身体。

HH：那咱们都别火化了，你先进大盒子里，等着我，然后等我也死了，跟你一起，埋入土里，一起变成土壤，然后再一起到天上，再一起告诉天使"要做妈妈的宝宝"。

MM：好的，这个安排不错。

HH：可是，只有妈妈不行，需要爸爸才能有宝宝。

MM：对哦。那怎么办？你觉得换一个还是再选这个？

HH：还是这个吧，这个就挺好。

MM：好的。

HH：那，放身体的大盒子要更大一些，爸爸比较大。

MM：好的。

HH（有点想抹眼泪）：妈妈，我觉得这个话题有点难受（伤心），我有点不喜欢这个话题。

MM：嗯，我也有点难受，死亡就是这样，让人有些伤心。但是我们在一起体验这个难受，就没有那么难受了，对吧？

HH：是，如果你抱着我，会更好一点。

（MM抱着HH，HH有点控制不住地流眼泪。）

HH 轻声地：约定真的能实现吗？你不会不等我吧？我不会找不到你吧？真的还能再做你的宝宝吗？

MM：会的，宝贝，这一世我们都善待彼此，下一生可能会有缘再续！

　　如果我们能正视生活中的每一场离别和死亡，那么，孩子就能获得智慧和力量，死就不再是令人恐惧而无法面对的议题，也就逐渐懂得了对生命的尊重和珍惜。

情绪

情绪（emotion）是我们非常熟悉的一个词汇，它牵动着我们生活中的每时每刻，时而色彩斑斓，时而低沉凝重，它关乎我们对生活的感受，对周遭人事的看法，对亲密关系的体验，乃至对内在自我的接纳。

情绪也是心理学理论中非常重要的一个概念，跟每个人的心理健康有着密切的互为因果的关系。从我们出生的第一声啼哭开始，情绪体验便伴随我们，如影相随。从喜怒哀乐到嫉妒、委屈、痛惜和欣慰，我们的情绪体验从简单的、单维度的、纯真的，逐渐变得复杂、矛盾、难以名状。当我们回首往事感叹少年不知愁滋味的时候，其中很大一部分是在感慨年少时的纯粹。

逐渐长大的过程，就是体验越来越丰富、感受越来越复杂、越来越难以描述的过程。情绪两极性的特点很容易让人矛盾和疲惫，每一种情感体验都有一种与之特性相反的情感体验相对应，例如，悲伤—喜悦、自信—自卑，极致的爱往往也会带来极致的痛。复杂的生活经验也往往让人感到困惑和艰难。

遗憾的是，并不是所有的心灵都有足够的空间和能力承受生命历程带给个体身心的历练，于是，有些心灵走向了压抑和隔离，拒绝再去感受；有些心灵走向了分裂和癫狂，过度情绪反应；有些走向了幻灭和麻木，不再留恋尘世；有些走向了惊恐和焦虑，每天战战兢兢。如果你仔细留意身边的生活，你会发现情绪无处不在，也就理解了为何"人生最曼妙的风景，竟是内心的淡定与从容"。

我们都曾经希望自己拥有善解人意的父母，我们也曾期待自己成为和颜悦色的父母，在家庭中，不管发生什么事情，都能耐心平和，温情有加。然而现实往往打脸，很多时候日子不是过成了我们理想中琴瑟相和的模样，而是剑拔弩张，鸡飞狗跳。在朝夕相处的柴米油盐中，在每天伴读的各种作业中，在日益增长的生活压力中，我们越来越难以抑制自己内心负面的体验，变得简单粗暴。我们知道这样不对，这样不好，但是依然不知如何自处。

在学习了那么久的心理学后，在跟无数来访者一起工作的过程中，我越来越觉得，我们的成长中少了一节情绪课。从小到大，有人教我们"人之初性本善"，有人教我们"123""ABC"，有人教我们唱歌跳舞、跑步打拳，但没人教我们心情不好了怎么办。我们偷偷地观察身边的大人，似乎他们做得也不怎么样。于是，我们就自顾自地、误打误撞地长成了今天这副模样。

在我们以为做好了充分的物质准备、知识准备、情感准备要成为父母的时候，却在遇见婴儿的那一瞬间，明白了我们还是没有做好准备。有些久远的记忆和情绪似乎在被婴儿的一颦一笑唤醒，在养育的过程中我们不自觉做出的一些反应如此笨拙却又那么熟悉，明明我们是父母却经常无助得像个孩子。在无数个养育的日夜中，我们终于明白，有些准备永远难以提前搞定，也终于理解，父母不仅养育着孩子，孩子也在塑造着父母。

生命成长的本质就是不确定性，如果我们不能面对这种不确定性及其带来的各种情绪体验，那么养育之路就太艰难了。如果我们都希望这一路能走得轻快、顺利一些，也希望在承担父母角色的同时依然还留有自己，那么我们就要学会去拥抱这种不确定性。

有一种情绪的本质也是不确定性，那就是焦虑，指的是面对未来不确定性的体验。**拥抱不确定性，意味着拥抱生命成长的本质，也意味着拥抱焦虑。**可能你不太愿意，焦虑有什么好的，还要去拥抱。但是，焦虑和生命成长的本质里都有不确定性这个成分，这也正说明，生命成长的过程中一定会伴随某种程度的焦虑，这是一件很自然的事情。因此，不要太在意焦虑，太抗拒焦虑，我们要拒绝过度焦虑而不是拒绝一切焦虑。

情绪一直是心理学研究的热点领域，涵盖的内容非常广泛，情绪与身心健康的相互关系也是现代医学和心理学的基本共识。如果说，在家庭教育中需要补一节情绪课，结合既有的理论知识以及临床经验，在本章节中，我想跟父母们一起讨论的是：我们如何成为情绪的主人，让情绪成为我们教养中的好帮手，成为一个拥有情感能力的家长，最终也让我们的孩子能够成为对生活充满热忱、愿意去拥抱未知和富有勇气的人。

一　关于情绪的几个迷思

情绪很普遍，情绪也很重要，但是我们对情绪却有很多的误解，我想先从澄清大众对情绪的几点误区开始。

误区之一

情绪单维度论：负面情绪就是魔鬼，我希望生活中只有欢歌笑语，没有愁云密布。换句话说，只有正面情绪是好的，可以保留，负面情绪都是不好，需要去除。

前面我们说到，情绪的本质属性之一就是两极性。这个两极性可以从多方面来理解。从性质上看，情绪有积极的情感体验和消极的情感体验之分；从强度上看，有强烈的情感体验和浅淡的情感体验之分；从带给躯体的影响程度上看，有让人紧张的情绪体验，也有让人放松的情绪体验。很多人对情绪的理解是，只有正面的、积极的、良好的情绪是好的，应该保留，负面的、消极的、难受的情绪体验统统都是不好的，应该消除。这种将情绪单极化、只强调情绪的一面属性而否定另一面存在价值的想法本身就会带来问题。

心理学关于情绪研究的理论普遍认为，人有六种基本情绪：愤怒、恐惧、惊讶、厌恶、快乐和悲伤。新的情绪研究挑战了这一说法，提出人的基本情绪是四种：喜、怒、哀、惧。但不管是四分说还是六分说，其中被大众普遍认可的"正面情绪"只有"快乐"这一个，"惊讶"勉强算中性的，其他的诸如愤怒、悲伤、恐惧、厌恶等，都是我们在生活中极力避免的"负面情绪"。人类的情绪情感经过了几千年的进化、衍生、分化，从简单的基本情绪逐渐发展，形成了复杂多样的情绪体验。婴儿从懵懂到成熟的过程不仅仅是身体骨骼的发育发展，更重要的是心智的成熟和完善，而心智中一个非常重要的部分就是情绪情感。

所以，从某种意义上讲，单个生命成长中情绪情感发展的历程实际上是浓缩版的人类情绪情感进化的历程。我们需要思考一个问题，如果负面情绪真的如我们以为的那样糟糕，为何在几千年的进化过程中，祖先没有把它们淘汰掉，反而作为基本元素保留下来了呢？

如果我们愿意先放下成见，仔细审视一下这些我们称之为"负面情绪"的基本元素，就会发现，愤怒、悲伤、恐惧和厌恶都有一个核心的特质——能"保护"生命个体远离产生上述负面情绪体验的环境。我们在愤怒中知道了自己的底线，在悲伤中看到了自己的需求，在恐惧中学会了远离危险，在厌恶中决定了主动离开。正是这些不舒服的体验，让我们开始警惕、审视、反思，并最终迫使自己作出调整和变化，趋利避害，向更有利于我们生存的环境去靠近。如果生活中丧失了对愤怒、悲伤、恐惧和厌恶的情感反应能力，那么意味着个体失去了辨识环境中有害物质的能力，深处危境而不知，这是不利于我们个体生命健康发展的。

比如，很多人都有过"醉酒"的体验。人们会通过借助自己身体的反应和感受，确定自己是不是已经醉了，不能再喝了，如果自己的意志决定不了，那么身体会通过呕吐、晕倒这样的方式来阻止我们喝更多。这是因为每个人的身体中，细胞对酒精的反应程度是不一样的，这种敏感性会通过"难受"来保护你的身体不被更多的酒精刺激。我们当中有人是酒精过敏体质，即便不喝酒，有酒精从皮肤上擦过都有过敏反应，所以这类人经常滴酒不沾。但是也有人是酒精脱敏体质，就是千杯不醉。医学发现，后者往往比前者带给人体的危险性更大。因为酒精脱敏不是说酒精对你的身体没有危害，而是你没有"醉"，也就是没有所谓"难受"的感觉，没有了这种痛苦的感觉就导致你放松警惕而饮酒过量，因而更伤身体。

身体如此，心智也如此。一些自闭症的孩子或者感统失调的孩子会存在一定的感觉系统异常，不像其他正常发育的孩子一样对危险、疼痛有着比较敏感的意识，因而经常会做出一些让周边人觉得有伤害的行为而不自知。养育这类孩子的时候，就需要大人格外小心，不能想当然地认为"这么明显的事情你都不懂吗"而忽视或者指责孩子，对他们来说，因为发育异常而导致没有那份关于恐惧的感觉体验，他们可能真的不懂。

所以，学习情绪的第一课就是要明白，各种情绪都有它存在的意义，哪怕是负面的情绪，对我们心智发展和身体发育来说，也都有相应的价值。漫长的人类进化过程既然选择保留它们，那一定是自有道理的。选择去承认和接受负面情绪的存在，而不是一味地否定和消灭它们，才有机会更好地认识它们，与它们相处。

推荐一部非常棒的电影《头脑特工队》[1]，这个电影用鲜活的故事和形象的影视手法让我们理解了不同情绪成分对我们生活的作用和意义。

误区之二

情绪无用论：情绪没有什么用，只会坏事，还是应该少些情绪比较好。

生活中很多人跟负面情绪的相处并不是很顺利，甚至更多的时候都是一些糟糕的体验，而一些狂喜带来的麻烦也不少。所以不少人觉得，情绪是一个比较麻烦的存在，没有什么用，不管正面还是负面情绪，控制不好都会给个体带来不好的体验，因此得出一个人越成熟就应该越理性，喜形于色是不稳重的表现，少些情绪反应是好的。

首先，我们承认，过强的情绪体验不管是正面还是负面的确都会给人带来一些影响，现代情绪理论和实验研究已经充分说明情绪和生理以及认知之间的关系。高涨的情绪体验会让身体处在兴奋和应激的状态下，持续的高涨必然会带来相应器官的疲劳和衰竭。因此，持续高涨的兴奋、恐惧、焦虑都会损害我们的身体健康。

其次，情绪和认知也是互相影响的。整体而言，正面的情绪有利

---

[1]《头脑特工队》（Inside Out）是由华特·迪士尼电影工作室、皮克斯动画工作室联合出品的3D动画电影，由彼特·道格特执导，2015年6月在美国上映，10月在中国上映。

于认知开阔，使人的看法更积极也更灵活；负面的情绪容易导致认知受限，使人的看法更单一也更僵化。情绪高涨的过程也容易让个体产生"认知狭窄"的现象，因为我们对情绪的识别会消耗我们的认知资源，情绪越高涨，消耗的认知资源也越多。这也就解释了为什么古人有云："不可乘喜而轻诺，不可因醉而生瞋，不可乘快而多事，不可因倦而鲜终。"[1] 因为人在有较强的情绪体验的时候的确不适合作一些重大决定，现实中也常有人一激动"屁股代替脑袋"的时候，事后往往会后悔不已。

所以从某种意义上讲，情绪可能会坏事，要增强自己人格中的理性成分，这种说法是有一定道理的。人格成熟的一大标志，就是重压之下依然能够理智应对，较少冲动，尽管很多情感还没有妥善处理，但依然能保证思维持续有效地运行。但是，这并不意味着我们就需要否定情绪存在的价值以及对我们身心和生活的意义。

心理学的研究表明，情绪有适应、动机、组织和社会四大功能。

具体来说，适应功能意味着情绪是我们个体适应生存和发展的一种重要的方式，特别是对婴儿来说，不具备独立的生存能力和言语交际能力，主要依赖情绪来传递信息，与成人进行交流，得到成人的抚养。即便是长大成人，我们依然需要通过情绪了解自身或他人的处境，适应社会的需求，得到更好的生存和发展。我们通过感知自己的情绪更加了解自己，愤怒让我们知道了底线，悲伤让我们懂得了珍

---

[1] 出自明朝还初道人洪应明收集编著的《菜根谭》。

惜，遗憾让我们学会了把握，热切让我们知道了渴望。

　　动机功能意味着情绪作为动机系统的重要组成部分，能有效激励人的活动，提高人的活动效率。耶克斯－多德森定律[1]表明，情绪／动机水平跟任务表现是倒U型关系，即适度的紧张和焦虑能促使人积极地思考和解决问题。换句话说，当你对一件事情一点兴趣都没有，或者一点紧张感都没有，完全不在意，很大程度上也做不好，而且经常会犯一些低级错误。我们经常在小事上栽跟头就是因为完全不紧张带来的动机水平下降从而导致任务表现能力下降。相反，过度的动机也容易导致任务表现不佳，因为过强的动机会激发较高水平的焦虑，太在意了导致个体更容易患得患失。

　　毛主席说过：战术上要重视敌人，战略上要藐视敌人。其实就是要调控好情绪和动机水平，最大程度地发挥自己的能力。过去强调考前的临阵磨枪，搞得学生太紧张进考场发挥不好。后来强调考前放松，搞得学生太松懈了进考场也发挥不好。现在科学的备战考试，都是强调适度的紧张，甚至接纳自己的紧张。紧张是件好事，我们只是要调节过度紧张的部分。家长如果有这方面的知识储备，就不会贸然在考前给孩子压力或者让孩子完全放松，而是帮助孩子调适到"摩拳擦掌"的兴奋感，这样最有利于考试发挥。

---

[1] 耶克斯－多德森定律，指动机的最佳水平随任务性质的不同而不同：在比较简单的任务中，工作效率随动机的提高而上升；而随着任务难度的增加，动机的最佳水平有逐渐下降的趋势。——《普通心理学》，彭聃龄主编，北京师范大学出版社，2010。

组织功能强调情绪对其他心理过程的影响。正如前文所述，中等强度的愉快情绪，有利于提高认知活动的效果，而消极情绪如恐惧、痛苦等会对个体活动产生负面影响。消极情绪的激活水平越高，活动效果越差。生活中，人在心情好的时候"吃嘛嘛香"、做事情"势如破竹"、干什么都感觉"事半功倍"，然而心情不好的时候"喝凉水都塞牙""万念俱灰"，做事情"事倍功半"，说的就是情绪对其他活动的影响。

社会功能指的是情绪在人际间具有传递信息、沟通思想的功能。这种功能是通过情绪的外部表现，即表情来实现的。表情既是思想的信号，也是言语交流的重要补充，在前言语阶段就在人际交流中发挥重要作用。在我们的生活中，很多时候影响我们人际交往的不仅仅是语言，尽管语言是交流的主要工具。社交中一些非常重要的信息恰恰是非言语的，除了上面说的表情，还有语调，话里有话的意味深长，欲言又止的犹豫迟疑。我们常说不仅要读懂字面的意思，更要读懂字面背后的意思，强调的就是这种字里行间的情绪信息。

既然情绪这么有用，为什么生活中大家总是觉得情绪坏事？这里要区分两个重要的概念——情绪力和情绪化。

情绪力有点像我们常常提及的情商，也叫情绪智力，最初是由美国耶鲁大学的塞拉维（P.Salovey）和新罕布什尔大学的梅耶（D.Mayer）提出的，指的是个体监控自己及他人的情绪和情感，并识别、利用这些信息指导自己的思想和行为的能力，也就是对自己和他人情绪状态的识别和理解，并利用这些信息来解决问题和调节行为的过程。不同的人在有效地控制情绪、情感生活的能力方面是有个体差异的，而且这个能力并不是天生的，是后天可以培养的。考虑到情绪在我们为人处世、问题解决中的重要影响作用，美国心理学家戈尔曼（D.Goleman）在其著作《情绪智力》一书中明确提出："真正决定一个人成功与否的关键是情商而非智商。"一些人简单地把情商鼓吹成"会说话""会来事""攻心计"，这些都是对情商的误解和扭曲。情绪智力的发展当然很重要，但是不要因此掉入"成功学"的泥淖。

　　情绪化，根据中华词库的解读，指的是一个人的心理状态，容易因为一些或大或小的因素发生情绪波动，喜怒哀乐经常会不经意间转换，前一秒可能还是高兴的，后一秒就可能闷闷不乐、焦躁不安。也可以理解为人在不理性的情感下所产生的行为状态，简单点来说就是喜怒无常。情绪化的人举止受情绪左右，情绪不稳，易冲动，事后冷静下来也感到不值得，不应该，经常处于内心矛盾冲突的痛苦之中。遇事容易被冲动的情感和情绪裹挟，做出缺乏理智的行为。情绪化的人不仅容易给自己的心理健康带来影响，还容易造成很多人际关系问题，不利于问题解决并制造更多的麻烦，给自己的生活和工作都带来不好的结果。

　　由此可见，尽管情绪带给人的影响不都是积极的作用、正面的体验，但是也不能因此否认情绪的存在及其基本功能，我们要学习的不是否定和压抑自己的情绪反应，而是如何更好地认识、理解和调节情绪，与之相处。通过对情绪的学习，摆脱情绪化的一面，而不是因此否定情绪本身。

误区之三

情绪选择论：理性和感性（情绪）是连续体的两端，我们需要在这个连续体上进行位置选择，如果想要理性地活着，就得牺牲情绪。

北京师范大学张日昇教授曾经说过一句非常有智慧的话：大事理决，小事情处。就是说当我们处理人生大事的时候，尽量让自己理性一些，用思考和判断来作决策；但是当处理生活中一些鸡毛蒜皮的小事的时候，可以适当地根据自己的感受处理，不需要事无巨细的分析和面面俱到的理性。因为理性能降低风险，但是感性能带来温度，我相信这也是很多人在生活中的感同身受。能够认识到理性和感性各具优势，这并不困难，困难的是如何平衡、如何选择。其关键在于你是将感性和理性看作是独立的两个维度，还是一个维度的两端。

著名的美国精神科医生、系统家庭治疗理论的奠基人，莫瑞·鲍恩（Murray Bowen）[1]在他的家庭治疗理论中提出了一个非常重要的概念：自我分化。它指一个人的理智与情绪在心理上分离以及将自我独立于他人之外的水平。我们可以从内心分化层面与人际关系分化层面来界定自我分化。在内心层面，自我分化是指个体将理智与情感区分开来的能力，即在某个特定的时刻个体是受理智还是受情绪支配的能力。在人际关系层面，自我分化是指个体在与人交往时能同时体验到亲密感与独立性的能力。

---

[1] 莫瑞·鲍恩（Murray Bowen，1913–1990），美国心理学家，精神科医生，家庭系统治疗的奠基人。

根据鲍恩的理论观点，感性和理性是两个维度，**个人成长的目标之一就是能够剥离交缠在一起的感性和理性，摆脱无法分离的困境，让二者更加独立，能根据情况需要自主地发挥各自的功能。**

自我分化水平高的人可以很好地识别情绪并平衡理性与情绪的关系，他们能够感受到自己的情感，同时作出理性的判断，不被情感冲动所左右。而自我分化水平低或未分化的个体几乎不能很好地识别情绪并将理智从情感中分离出来，他们的智力被情感所淹没，以至于他们几乎没有能力进行理性的思考。

此外，良好的自我分化的个体能在家庭中同时维持独立自主和情感连结的平衡。他们在与人相处时能够保持一个清晰的自我感，面临人际压力时能够基于理性去坚守自己的信念。因此，这样的个体在与他人相处时能保持灵活的界限。自我分化低的人，其行为更多地基于自动化的情绪反应，而缺乏理智的判断。他们容易受外界及他人的影响，在人际交往中出现"融合""粘连"的状态，即在情感上与他人黏附与纠缠。纠缠与自我分化相反，往往表现为自己和他人之间的心理边界模糊不清，情感和理智混杂在一起。最常见的例子就是，伴侣心情不好，自己去安抚没有奏效，结果自己也跟着心情不好了，甚至比伴侣还糟糕，需要心情不好的伴侣反过来安抚。有些人因为害怕自己的理智被亲密关系中的情感所累，干脆不去发展亲密关系，或者害怕发展亲密关系，这都跟自我分化不充分有一定的关系。

一个成熟的个体，能够很好地分化自己的理性和感性，不仅能认识到这是两维存在，不是一维的两端，还能在各自的维度有深度的发展。理性意味着我们能客观辩证地看待问题，在实事求是的基础上，依靠强大的逻辑思辨进行判断和决策。个体发展自己的理性有赖于理论知识的学习、思维能力的训练、对情绪的识别和控制、增强冷静沉着的人格特质。感性意味着我们拥有较为充沛的情感体验，对周围的变化有敏感的觉察和反应，对各种复杂的情感成分能够进行细微的辨别和深入的理解，有着很强的共情能力以及悲天悯人的胸怀。个体发展自己的感性有赖于对自身情绪情感的觉察和反思，以及愿意去关注他人的情绪情感变化，能够在自身以及周边的关系中去体察和感受情绪，尝试从不同的角度去理解情绪，对各种情绪体验都能保持开放的态度去面对和接触，在识别和理解的基础上进行有效的表达、调整和控制。

正如我们前面所说，认知和情绪是互相影响的，理性和感性也是如此，它们彼此独立但也相互影响。通过自我分化这个概念的介入，我们明白需要做的并不是在理性和感性之间作出取舍的选择，而是促进二者的均衡发展以及平衡关系。

解决了关于情绪的几点迷思后，接下来我们关注在家庭教育过程中值得关注的情绪层面的议题。

二　家庭教育是关于一个人心智发展的全过程

很多人都觉得，所谓"长大"就是身体发育、认知发展、能力获得的过程。因此，过分强调身体和智力发展为教育的内涵和目标而实施的教养行为导致了很多成长的困难以及人格发育的不健全。这种对"长大"的片面理解忽视了人格成长中最为关键的一面，即情感和精神层面的价值，因而导致人拥有智力却丧失了快乐和幸福的能力。

当下的我们摆脱了物质匮乏的时代，GDP 的高速发展极大地满足了我们的物质需求，但当代人似乎并没有因此更加快乐，精神疾病的确诊量日益增多，难以消解的压力感和孤独感、生命的无意义感和无价值感是让很多人备受困扰的议题。作为家长，我们教给孩子们十八般武艺，让他们在这个世界生存和奋斗，却没有教他们如何跟自己的各种情绪情感共处，这的确是家庭教育中的一个缺憾。

新精神分析客体关系理论认为，个体心理和人格的发展源自与最初照顾者之间的关系，婴儿和幼儿所接受的照顾类型对其内在世界的建立有巨大影响。正如英国精神分析学会的唐纳德·温尼科特在 20 世纪 40 年代所提出的："没有母亲的照顾，就没有婴儿这回事。"关于依恋类型以及养育类型等儿童教育方面的相关内容已经有大量的书籍做了充分的阐释，在这里，我想借助心理动力取向的理论视角，谈一谈早期养育中父母对儿童情绪关注的内容以及意义。

我们姑且把儿童成长发展的过程按照发展心理学常用的阶段来进行界定：婴儿期（0～1岁），幼儿期（学步期，1～3岁），童年早期（学前期，3～6岁），童年晚期（小学期，6～12岁），青春期（中学期，12～20岁）。每个阶段有各自的心理发展任务，儿童潜在的成熟成长伴随着这些发育任务的完成与否，不仅包括身体层面，还有心智和个性层面。

1 _ 婴儿与安全感

生命诞生之初是非常无助的，新生儿需要完全依赖身边的大人才能存活，至少需要有一个人全心投入来了解这个小生命，用适合 TA 天生气质类型的方式来照顾 TA。这也是为什么哺乳期的妈妈需要产假，甚至现在越来越多的呼声是爸爸也需要产假，因为实际上这个阶段一个人是不够的，照顾者需要全身心地照料婴儿，而其他人需要对照顾者提供支持和帮助。

婴儿最初活在自己的世界里，认为母亲也是自己身体的一部分。渐渐地，喂养过程中母亲的时有时无让婴儿发现原来自己和母亲是二元存在。随着孩子的成长，小婴儿从最初的无助逐渐体会到自己身体的力量和需求，也开始感受到对自己和他人强烈的情感冲动。这个转变过程中所伴随的强烈的体验需要被充满爱的大量照顾来处理并获得支持，否则婴儿会感觉到自己被巨大的情绪淹没，抑或是过度的惊吓，从而导致婴儿将自己的感受最小化直至情感切除，让自己体验不到感受。我们在照料小婴儿的过程中，经常会有类似的体验，婴儿可能无缘无故地大哭，或者突然手脚乱蹬，这个时候如果大人及时发现并轻哄安抚就能缓解婴儿突然的情绪反应，帮助婴儿度过这种突然的情感体验。

这个过程，如果婴儿与照顾者的互动一切顺利，这会是婴儿第一次体验信任、安慰、支持和安全的阶段。良好、稳定的依恋会让婴儿在二元的母婴关系里继续发展自己的心智，感受与母亲亲密无间的二人世界。如果母亲在这个阶段足够稳定和忍耐，以及能去容纳母婴关系中产生的各种情感冲动，小婴儿就有机会去探索自己的情感反应以及感受来自母亲的爱意，并在这样安全和信赖的关系里确认对自己的感觉，感受到自我存在的价值和美好。缺乏足够好的早期照顾经验对婴儿来说是灾难性的，可能会导致基本的不安全感和对世界缺乏信任。

很多自闭症儿童最初的异常痕迹可以追溯到六个月以前，最典型的表现就是非常安静，没有互动性的微笑和情感反应，有些家长觉得婴儿非常好带，没有任何哭闹情绪反应，这时候需要警惕孩子究竟是安静的气质类型还是说有早期自闭症的信号。自闭症现在被确认为是一种发育性谱系障碍，有基因和大脑发育的缺陷，从而也会导致某些心理功能的丧失，例如"心理理论"[1]功能，会表现为情感反应淡漠或者不一致，情绪共鸣点与常人不同，对他人缺乏同理心等。

2 _ 幼儿与自主感

婴儿继续成长的过程中，这种对自己和他人的情感冲动不仅没有消失，反而变得更加复杂和多样化。进入到学步期，幼儿开始更多地体验自主性，此时的儿童更加独立，也更加个体化，开始表现出更加

---

[1] 心理理论（Theory of Mind，缩写为 ToM），心理学术语，是一种能够理解自己以及周围人类的心理状态的能力，这些心理状态包括情绪、信仰、意图、欲望与知识等。

清晰的个人性格，先天的气质类型与后天生长环境中跟重要他人的互动和认同都在塑造着他们的性格。与此同时，母婴关系也迎来了新的挑战。

幼儿一个很重要的发展任务是分离与个体化，早期安全、信任的母婴关系是分离得以发生的前提。我们会发现这个时期的儿童一方面想要离开母亲探索周围的世界，但另一方面又时不时地转回头看看母亲是否还在视野范围内，甚至要经常回到母亲身边温存一会，像是"充电"。他们开始喜欢玩"躲猫猫"的游戏，跑开——被寻找——重聚，这个游戏对孩子来说非常有意义，他们在用自己的运动能力创造与母亲之间的距离，用游戏的方式消解伴随身体技能发展产生的一种矛盾性的焦虑：既担心摆脱不了母亲，又担心离母亲太远而失去母亲。这种矛盾感是亲子冲突的开端，也会爆发成强烈的情绪，很多妈妈都有"可怕的两岁"（terrible two）这种养育经验，这跟孩子当下的心理发展任务是对应的。

随时可能爆发的坏情绪恰恰说明了幼儿在这一阶段内在的冲突、矛盾以及感受复杂性是多么的难以承受，他们一方面需要通过分离拥有空间去发展独立自主的个体感，另一方面又会因为这个过程充满挑战和挫折而感受到愤怒和挫败，需要被照顾者理解和安抚，同时可能因为发现自己不再是一个小婴儿，而是一个大孩子而感受到某种悲伤。成长为更大、更独立的儿童，这可能是孩子们希望的，也同样可能是他们害怕的。这些内在冲突会表现成有问题的行为，他们纠缠母亲，既要分离又害怕分离，前进着又退行着，经常在愤怒和愉快之间往返、矛盾，这对母亲和孩子来说都可能是一种情绪挑战。对孩子来说，他们当下的心智发展依然不能很好地处理这些情绪感受，他们经常被十分强烈的感受压垮，需要成人的陪伴来获得平静，调节这些过度爆发的感受。

如果你正在养育一个两岁多的婴儿，你会发现孩子在这个阶段非常喜欢玩"扔出去——捡回来"，或者"藏东西——找东西"的游戏，在这样类似"消失又出现"的游戏里乐此不疲。从发展心理学的角度看，孩子还没有掌握恒常性的概念，所以对消失了又出现的东西感到非常有趣。从动力学的角度看，孩子在用游戏的方式体验分离个体化的发展任务，处理自己因为逐渐长大跟妈妈分离而产生的焦虑。此外，孩子在这个阶段也会非常想去尝试自己做一些事情，但也会在做的过程中因为胜任力不足而备受挫败，从而有情绪的爆发。妈妈（养育者）需要平衡"放手—让孩子有机会去锻炼"和"支持—在孩子失败后去给予安抚而不是指责"这条线，养育的过程中，这条"放手—支持"的平衡线需要一直调整和拿捏。

3 _ 学前儿童与主动感

顺利度过幼儿期发展任务的孩子，从被照料逐渐转向自我照料，他们能感受到自己对身体的拥有感，能适当地管理自己的身体，获

得了如厕自由的能力。在获得牢固的自体感后，幼儿开始寻求健康的
自尊体验。这个阶段的儿童非常可爱，他们通常对自己十分满意，喜
欢炫耀和展示与身体有关的能力，获得他人的赞赏和肯定。这个阶段
来自大人的认可和赞许能极大地帮助儿童巩固这种健康的自尊。与此
同时，他们的情感也变得更加细腻，开始体验到诸如关怀、共情、内
疚、羞愧、厌恶和愉悦等复杂情感。这些情感的发展有利于他们去构
建各种关系，增强自己的价值感和归属感，促进了合作游戏的出现。

　　进入童年早期的儿童开始有了性别意识，在逐渐成长的过程中获
得性别恒常性并完成对性别的认同，儿童在这个阶段也从母婴的二元
关系转向家庭最初的三角关系，即父亲、母亲和孩子。渴望占用异性
父母并感受到与同性父母的竞争以及由此带来的一系列充满复杂和矛
盾的情感体验贯穿了整个学龄前阶段（在很多书里也称之为"俄狄浦
斯期"）。儿童开始对性别特征非常好奇并渴望探索，既担心失去已拥
有的性别器官，也对未拥有的性别器官感到羡慕和失落（当然这一切
的感受可能都是无意识的，但是可以被观察到以及临床证实）。他们
会体验到因为性别差异而带来的一系列不可名状的快感、愿望、担心
和恐惧。

　　值得关注的是，在这一阶段语言也进入了飞速发展期，儿童逐渐
学会用词语来描述自己的感受，越来越能够运用自己的心智而不是躯
体手段来表达自己，减少了用行为表达情绪的倾向，增加了协商、理
解和解决问题的可能性。家长在这一时期需要协助和鼓励儿童与自己
沟通，与他人交流，让他们有能力表达自己的故事。当儿童有能力

将内心深处的感受用言语来表达时，他们承受的情绪困扰也会减少很多。

此外，在这一阶段，游戏继续承担着促进儿童心理发展的重要使命，儿童在玩耍的过程中去表征自己的内心世界，表达和感受复杂的情感体验，并在游戏中建构和整合自己的内部感受和外部经验。家长也可以在陪伴儿童游戏的过程中通过鼓励和支持让儿童体验到满足、乐趣和自尊，并最终在游戏中完成对未来学习的准备。

生 活 小 剧 场

幼儿园邀请中班的小朋友分享，心情不好的时候怎么做能让自己好起来呢？

HH 想了想，认为：非常生气的时候，可以跟妈妈抱一下，或者吃个自己最喜欢的东西，再就是洗洗澡（做最喜欢的事情）也能让自己开心起来。

"抱一下就好了"是 HH 大约从 2 岁左右开始的一种修复关系和缓解情绪的做法。刚开始是因为 HH 遇到了挫折和麻烦，情绪崩坏的时候，妈妈主动过去抱抱做安抚，后来演变成 HH 做了一些调皮的事情惹妈妈生气，就主动用这种方式来安抚妈妈。再到后来，妈妈和 HH 因为一些事情吵架闹别扭的时候，就用"抱抱"来缓解彼此紧张的关系和当下负面的情绪。

现在 HH 六岁了，家庭中依然沿用了"抱抱"来和解的方式，不管什么原因，只要彼此拥抱就冰释前嫌。随着成长逐渐培养起来的默契方式，蕴含了很多美好和智慧。

4 _ 小学儿童与规则感

整体上来说，童年晚期是一个相对平衡的阶段，这一阶段的主要任务是投入到现实生活和社交团体中，体验友谊、学习群体中的"丛林法则"、学习分享和竞争、承担一些责任并参与新的活动等。学会控制冲动和容忍挫折，这些能力的获得对应付即将到来的青春期至关重要。此外，这一阶段也是关于规则、公平以及学会自我控制的时期，父母不再是唯一的权威，儿童有强烈的需求想要发展出一个独立的、属于自己的、与父母分离又没有切断的世界。家长在这个阶段要掌控好过度参与和放纵之间的平衡，从而协助儿童完成在依赖性和独立性之间建立平衡的发展任务。

这个年龄阶段小孩的父母，需要注意自己对待孩子的态度：避免依然把孩子当幼儿那样娇惯和无微不至地照料，另一方面也不要因为孩子已经是小学生了就想当然地认为孩子应该懂事、独立、坚强、勇敢。就像前面所述，"放手—支持"这个议题在哪个成长阶段都是非常值得思考和斟酌的。小学生可能不会像婴幼儿那般情绪外露，但是不代表他们就没有情绪烦恼。这恰恰是一个非常重要的时期，孩子要学会自己去面对和承受一些情绪反应，同时也要学会去表达和求助。没有情绪自我容纳力的孩子会比较脆弱，过度承受和压抑情绪的孩子会比较沉重，这对急风骤雨的青春期来讲都是一些不利因素。

5 _ 青春期与探索感

安娜·弗洛伊德[1]对青春期有一段非常生动的描述："青少年是以不一致、不可预测的方式行事，这在相当长的时间里是正常的事情。青少年打击自己的冲动并接受他们；成功阻止冲动、却又被他们占领；爱他的父母，又恨他们；反抗父母却又依赖他们；在他人面前承认那是自己母亲时感到丢脸，却又意外地希望能与她进行心灵谈话；不断寻找自己的认同时又模仿、认同于他人；变得前所未有的更加理想主义、艺术性、慷慨和无私，但也做相反的事：自我中心、自我主义、懂得算计。在极端对立面之间的这种波动，若在任何其他生命时期都会被视为很异常的行为。但在青春期这段时期，它们只意味着成人的人格结构需要很长时间才能出现，还没定型的自我会不停实验，也不急于关闭任何的可能性。"

---

[1] 安娜·费洛伊德（Anna Freud, 1895–1982）是一位心理学家，是西格蒙德·弗洛伊德和马撒的第 6 个也是最年幼的孩子，对自我心理学的建立作出了重要的贡献。

这段描述非常形象地阐释了青春期的核心任务——寻找自我，确认自我的身份和同一性。做青春期孩子的家长意味着要有足够的耐心和平常心来容忍孩子在这个阶段的各种"折腾"，能够承受来自孩子的各种反复无常的挑战，用目送远离的方式做好随时迎接的准备，既能像对待成人一样去尊重孩子，又能在孩子需要的时候继续像父母那样去呵护他，理解这一切动荡背后的挣扎和辛苦、蓬勃的热情，以及既充满力量又脆弱敏感的复杂性。

通过上述对儿童成长阶段的概括性表述，相信很多人都看到了在生命成长的过程中，个体的发展成熟伴随着多么复杂的情感体验，这是我们无法视而不见的部分。这些情绪情感既是心理发展的动力又是心智成熟的重要表现。**情绪情感只有被看见、被理解才有可能被整合**。婴儿与照顾者的关系是心理和情感发展的熔炉，从生命最早开始，情绪输入就是极其重要的。儿童在关系中体验自己，情绪照料提供了这些体验的核心。孩子正是在这种与照顾者之间的关系中获得了情感调节的能力，同时产生了对自己的感受即所谓的自尊。

三　父母情绪稳定对孩子成长的意义

情绪不仅是我们生活中常相伴随的一部分，有着适应、动机、组织、社会等基本功能，情绪力的高低还反映了我们的心智发展水平，决定了我们幸福生活的能力。正如前面所说，每个人的成长中似乎都少了一节情绪课，很多家长也是在成人以后，特别是成为家长后才认识到情绪及情绪管理的重要性。但是因为对情绪概念的理解不够全面，很多家长只是一味地追求正面的情绪体验，强调积极情绪，忽视、否定或者压抑消极的情绪体验。这样简单处理的结果就是，很多家长对自己的负面情绪的处理方法通常是隔离和压抑，通俗地说就是忍。忍着不生气，忍着不发脾气，忍着不悲伤难过，忍着孤独失落。虽然忍一时风平浪静，的确有利于家庭氛围的建设，但是忍久了就会导致"忍无可忍"的突然爆发，或者是另一种疏离和不真实，这显然并不利于家庭关系的长远发展。

好的关系通常是温暖的、开放的、真诚的，意味着关系中的个体可以有机会做真实的自己，这其中当然包括各种正面的或负面的情绪体验得以表达。所以建立好的关系的基础一定不是一味地忍耐和回避，而是能够去面对、包容、理解和体谅。父母能够有力量去面对自己的负面情绪，去对话和处理而不是去压抑和回避，在一定程度上给孩子提供了示范，让孩子有机会从父母身上学习如何面对自身的各种情绪。同时，父母对负面情绪的态度和方式也让孩子有机会能够在亲子关系中去表达自己难以处理的负面感受，而不用担心被批评、否定和忽视。

很多家长在认识到情绪的重要性后，会积极地学习和践行各种情绪管理的方法。有些自身情绪层面有障碍的家长也会积极主动地寻求心理咨询，从解决自己的问题出发带动关系的变化。这些都非常值得肯定。从心理咨询的角度来说，当一个人开始意识到问题时，这个人就已经走在改变的路上了。我想提醒的是，自我成长之路并不是一蹴而就，仅靠满腔热情就能实现的，往往需要落实在日复一日的生活修行之中。自身的很多问题修正起来不会那么容易，可能会反复、绵延，这个过程中也会看到自己的局限、笨拙，甚至是怯懦和懒惰，这些都会让我们觉得沮丧、羞愧、无奈和失望。

我们常常在家庭咨询中看到一些急于改变的家长，他们有很强的动机但缺乏足够的耐心和持久的努力，有些时候可能对改变持有过高的期待或者太过理想化，更容易因为过程中的挫折和与预期不符而变得情绪化，没有因为懂得而慈悲，反倒是因为懂得而想要更好更多，结果却一败涂地。

与丰富情感体验、提升共情能力、把控好理性和感性的平衡同样重要的是情绪的稳定能力。当你认识到情绪是自己的短板，自己的共情能力没有那么强，甚至情绪反应也比较激烈，容易"擦枪走火"，那么对你来说，更重要的可能是维持自己情绪稳定的能力。

去情绪化是情绪管理的第一步，只有在克服了不情绪化地面对事情的基础上，才有可能去谈论情绪的其他功能。一个有共情能力但情绪非常不稳定的家长要比一个共情能力不太好但是情绪相对稳定的家长带给孩子的影响更大。因为不稳定的情绪反应容易造成养育过程中的混乱感，孩子在这样的关系和氛围中，不利于获得清晰的规则意识和良好的边界感，情绪化的家长很容易让孩子混淆哪些是被允许的，哪些是被禁止的。这种不稳定也容易导致孩子感受不到安全感，他们需要时刻处在机敏的状态之下，这会破坏孩子的专注力，他们很难沉浸在自己的世界里去探索自己真正感兴趣的东西，因为他们需要顾及家长敏感的情绪反应。

所以，对很多迫切想在情绪层面获得成长的家长来说，第一要务不是去提高情商、共情等这些高阶的情绪功能，而是先检测自己在情绪稳定层面水平如何，自己是不是一个很容易情绪化的人。如果是，那么就需要先从学会稳定自己的情绪入手，提高自己对情绪的掌控能力，千万不要"心情式育儿"。

具体怎么做呢？

首先，你需要开始对自己的情绪有兴趣，把自己当作一个很重要的学习对象和观察者。当你在下一次体验到情绪激动或非常有情绪的时候（通常是负面的情绪体验，例如很生气，很烦躁，很悲痛，很懊悔），你需要给自己时间去观察和体会它，不要让它这么快地就过去，急于道歉或急于冷战或急于弥补等。

你需要停下来观察这个过程，停留在情绪的当下。然后问自己"为什么？为什么这么生气或悲伤？"你要对自己的情绪敏感起来，拿出足够的时间来跟自己对话，去面对情绪，然后一点一点地把它剥离开，帮助自己更好地理解这些过程。这个自我对话的过程比较困难，但是非常有意义，能增加你对自己的了解，特别是对情绪背后的一些内容的了解。

你也可以选用内观、冥想、静坐等方式，通过增加独处的机会来观察自己的状态：发生了什么事情，做了什么反应，有什么感受，这些感受是怎样开始，怎样变化及怎样结束的。

当然，当你很开心或体验一些正面情绪的时候，也可以停下来问问自己"为什么这么开心？哪一部分让自己觉得很开心？"对于开心的了解和深入挖掘，可以让人更了解自己的期待和喜欢。因为有很多人连自己喜欢什么都不知道。

如果自己做这样的练习有困难，可以考虑跟身边一些真诚的、能给你安全感的朋友去表达和探讨，当然更好的推荐是去约个体心理咨询。因为比起朋友，专业的心理咨询师有更好的倾听能力、共情能力和辨析能力，更有利于创设一个安全、受保护的空间，让你在非评判的状态中去探索自己情绪的含义。

四　家长如何理解孩子的攻击性

现实生活中，很多父母对孩子的攻击性是难以忍受的，例如孩子发脾气、扔东西、欺负同伴等。有相当多的家长对此非常困惑，无奈，有的甚至以暴制暴。鉴于攻击性是个体心理发展一个非常重要的内驱力，表现形式又因为年龄不同、性别不同而千差万别，我想在这里专门多谈一下。

心理咨询与治疗的鼻祖弗洛伊德认为，攻击性是人的基本内驱力之一，也称之为死的本能。另一个基本的内驱力叫生的本能，也叫性本能。内驱力代表了能量、驱动性和能动性，内驱力的强弱能反映出一个人的活力水平。所以，从这个意义上来看，攻击是人的本能，代表人的能动性，不要用好坏的角度来理解和定义。

既然是本能，那就意味着与生俱来，只不过在不同的年龄阶段有其独特的表现方式。如果大家仔细回想一下，就会发现从生命最初的时候就伴随着各种攻击性。

攻击本身是从运动中产生的，当胎儿还在母亲肚子里的时候，他就有了这种行为。胎儿会去攻击妈妈的肚皮，我们称之为"胎动"，显然我们不会觉得这种攻击性是有害的，反而认为这是一种健康的、有活力的指标。

新生儿也有其攻击性，哺乳过的母亲应该都有过乳头被咬的经历，几个月大的婴儿会把一切抓到手里的东西放进嘴里去撕扯，1岁左右的婴儿会没有理由地抓挠眼前的陌生面孔，不管是大人还是小孩，即便摸着父母的面颊也有可能随时挠上一把。但是因为婴儿的破坏力有限，很多成人不会把上述行为解读为攻击性，只是觉得"好玩"，甚至觉得是"能力见长、有本事"的表现。

学步期的孩子活动范围逐渐扩大，接触的东西更多，人群也更广，我们在这个过程中更容易发现幼儿的攻击性，比如推搡在一起的同伴，不会搭积木但是很会破坏别人的成果，对一切感兴趣的东西的探索方式几乎都是破坏，这个阶段的儿童简直是"破坏大王"，但是成人依然不会太在意，最多嗔怒两句"小淘气"，更多的时候会理解孩子的这份"不懂事"，欣赏孩子的这份"破坏力"。

大约是进入到学前阶段，持续的攻击性才会引起成人的注意，因为进入幼儿园后，儿童开始群居生活，需要学习规则和礼仪，要跟家人以外的成人和同伴进行社交活动，这个时候儿童的攻击性行为会被认为是"不符合社会规范的"，需要干预和矫正。所以很多家长关注孩子的情绪行为问题大多是从学前阶段开始的，但这并不意味着所有有攻击性表现的孩子都有心理问题，需要进行心理干预。相反，我们需要理解攻击性对个体心理发展的意义，才能更好地应对不同场景下的攻击性表现。

孩子很小就能体会到身体里的破坏性本能以及相伴随的恐惧情绪，这份恐惧主要是担心因为自己的攻击而导致别人的消失，例如小孩会担心因为自己发脾气失去父母或者失去父母的爱，但是又对自己的攻击本能无力控制，所以会有无措感，这几乎是孩子内心的核心焦虑。对这个阶段父母的建议就是，理解攻击是孩子内在本能的一部分，是能动性的表现，去理解这份不可控，而不是去批评、指责和惩罚（即使这样做了也不起作用），用"不消失"来回应孩子内心的恐惧。

在孩子很小的时候，攻击性需要能被父母接纳和整合，孩子就不会被自己突然爆发的攻击性而吓到，也不会因为不能表达攻击性而失去能动性。当攻击性能够被亲子关系整合、被接纳的时候，孩子就能获得安全感，感觉到自己是安全的，整个世界都是安全的，不会因为自己的攻击而消失；孩子就能认识到，其实发脾气不会导致整个世界的崩盘，同时孩子不会因为做了一件攻击别人的事而陷入无限的恐慌中。

等到孩子再长大一些，有了一定的语言表达能力，借助绘本、故事、亲子之间的交流沟通，我们有机会帮助孩子理解，当感受到内在很强烈的破坏性冲动时，除了本能的攻击之外，还可以怎么做。所以问题的关键不在于有没有攻击性，而在于该怎么表达自己的攻击，以及如何应对自己攻击别人时带来的情绪反应。这部分的学习是需要贴合孩子的心理发展阶段，用孩子能理解和接受的方式，循序渐进地通过言传身教的方式来实现的。

很多父母在面对这个问题时觉得很困难，有个原因可能是自己曾经没有被接纳，没有被处理好的那个部分被激活了。比如有的父母面对孩子发脾气的时候，会感到很无力，是因为父母在小时候，自身的攻击性没有被很好地抱持、接纳，只能压抑。而孩子的情绪唤醒了父母的无力感，所以面对孩子这一情绪时会感到非常挫败。比如当孩子一直哭、一直摔东西可父母没办法让孩子安静下来的时候，父母就会感到非常挫败。这时候有些父母会选择使用权威去压制孩子的情绪，另一些会选择快速向孩子妥协，哄好孩子，让孩子的情绪转移。比如说孩子在超市里哭闹，非要买一个玩具，那些体验到无力感的父母就会更容易妥协，迅速满足孩子。

而那些从小被包容、接纳了自己的攻击性的父母，在面对孩子这部分情绪的时候是有力量的，能够承接和接纳孩子的情绪，也知道怎样去应对和理解孩子的情绪。

所以这对于家长们来说是一个提醒，提醒你自己小的时候是怎样被对待的。我们会选择自己被对待的那个方式，去对待自己的孩子。镇压（你不要有这个情绪，因为我处理不了）或妥协讨好（转移，快速地让这个情绪过去）这两种方式都会让孩子感到"这种情绪是很可怕的，是不能被看见、被理解、被整合的"。他日后会采取的模式是要么压抑，要么失控，要么延迟满足能力很差。因为他不能承受这个情绪，不能跟自己的情绪在一起。

孩子不能跟这个情绪待在一起的原因很简单，因为他的年龄、心智特点限制了他。他需要借助家长的力量、心智水平来帮助自己度过这个阶段。家长的合适的应对策略能帮助孩子整合这个情绪，给孩子未来容纳这个情绪做榜样，并学习如何与这个情绪相处。

关于"攻击性"的小故事：

（1）3岁的小朋友在幼儿园中"不友好的破坏行为"。

生 活 小 剧 场

HH 3岁，刚去幼儿园。小朋友们自由活动时，三五成群地在一起搭积木。每当快完成的时候，HH就冲过去把大家的积木推倒，老师劝导后也不认错。此外，看到喜欢的小朋友就去大力地拥抱，即便对方表达很不舒服也不放手，老师劝导后依然如故。午睡的时候，大声地跟旁边的小朋友讲话，在被提醒后，依然突然发出大声。总之，鉴于这一天各种"不友好的破坏性"，HH被留到最后一个接，希望能跟家长交流一下这个问题。

回家后，我问HH：你觉得被留下最后一个走，心情好吗？

HH 回答：不好！

我：那怎么做能不被留下呢？

HH：不破坏小朋友搭玩具了。

我：还有吗？

HH：不打扰小朋友睡午觉。

我：还有吗？

HH：不去抱别人了。

我：嗯，那你记得明天别再这样了哈！

HH：好的，妈妈，如果别的小朋友做不好的事情我也去做。

我：那样的话你会跟做不好的事情的小朋友一起被留下来。所以还是会最后走哦。

HH：哦，那我就不做了。让他们做坏事吧，我不做了，就能早点走了。

（2）3岁半的小朋友将其他小朋友推下滑梯。

生 活 小 剧 场

HH 三岁半，上小班，户外活动滑滑梯的时候发生了一件很惊险的事情。有个小朋友要滑梯但还没有做好准备时，被 HH 一把推了下来，因为头朝下，小朋友虽然没有受伤但是依然被吓哭了。看到这一幕的老师也吓到了，把 HH 从滑梯抱下来，询问为什么推别人，并且要求 HH 给小朋友道歉。HH 拒绝解释也拒绝道歉，老师让 HH 停止自由活动，坐在一边静思。小朋友们陆续回班，HH 拒绝跟老师回去，一个人在园子里静静地坐着，突然间就崩溃大哭。老师安抚了以后回到班级，依然拒绝解释、拒绝道歉。接园后妈妈了解了这件事。

整个晚上，HH 都表现得格外好，妈妈询问今天在幼儿园过得怎么样，HH 也表现得若无其事。洗漱后讲睡前故事的时候，HH 突然说："明天不想去幼儿园了。"妈妈询问原因，HH 不说。

妈妈决定跟 HH 一起玩个游戏，用被褥搭了一个大滑梯，将小玩偶们依次滑下。HH 很开心地玩，妈妈安排了一个场景，小猴子把小兔子从滑梯上推下来了，小兔子吓哭了。

妈妈装作很惊讶的样子问 HH：小猴子这是在做什么呀？

HH：滑梯堵车了，小猴子在疏通通道。（妈妈一下子明白了白天在幼儿园的滑梯上发生了什么）

妈妈继续：为什么会堵车呢？

HH：小兔子在滑梯上待了很久都不滑，后面很多小朋友都在排队，这就是堵车了，推下去就通畅了。

妈妈：哦，那你觉得小兔子被推下去是什么感觉呢？

HH：它肯定吓哭了呗。

妈妈装作惊讶地问：为什么会吓哭呢？

HH：因为很高，头朝下，会受伤。

妈妈：那你觉得，如果小猴子下次又遇到滑梯堵车了，有没有其他解决的办法，而不是直接把小兔子推下去。

HH 想了想：可以问问小兔子，告诉它后面堵车了，要不要赶紧滑下去。

妈妈：非常好。还有吗？

HH 想了想：那也可以告诉老师，这里堵车了，需要帮助。

妈妈：太棒了！还有没有？

HH 想了想：告诉后面的小朋友，换个滑梯吧，这里不行了。

妈妈笑了笑：我觉得这几个办法都非常好啊，那么如果以后遇到了"堵塞"，最好不要直接推下去，因为你有了其他更好的办法。

游戏结束，妈妈搂 HH 准备睡觉，HH 小声地说："今天在幼儿园做了跟小猴子一样的事情。"妈妈没有批评他，只是问他："你当时也吓坏了吧。"HH 眼眶红红的，点点头。妈妈安慰他："没关系，相信你以后遇到这样的事情就知道该怎么做了。"

第二天，HH 照常上幼儿园，据老师反馈，午饭的时候 HH 主动跟昨天的小女孩和解，并告诉老师自己有了更多的办法去解决"滑梯堵塞"的问题。

五　家庭教育中可能出现的应对情感的不良方式

来自心理临床的经验发现，很多来访者的心理问题跟早期成长过程中经历的情感创伤有关。父母或者其他养育者有意无意地可能会在以下几个方面造成儿童情感层面的创伤。

1 _ 忽视儿童的情感

很多家长可能因为工作忙碌疏于陪伴，也可能因为家长自身对情绪不够敏感或者自身面对情绪有一定的困难，在养育孩子的过程中，对儿童的很多情感关注不足，尤其是对一些诸如沮丧、内疚、羞愧、悲伤、懊悔、失望等这些强度比较低、表现不明显的负面情绪不太在意，往往是孩子的负面情绪累积到了一定程度，如崩溃地大哭喊叫或者愤怒地拳打脚踢，才意识到孩子有情绪。严重的情感忽视也是一种虐待，会让儿童感受不到自己的存在感，伴随强烈的自我否定，久而久之会让儿童形成低自尊、低自我价值、情感淡漠等性格特点。

2 _ 对儿童的情感进行负面评价

有些家长能看到和感受到儿童的各种情感状态，但是因为个人对情感的态度问题或者应对情感的能力不足，导致家长不能去理解和接纳儿童的各种情绪反应，常见的不良模式就是用一些嘲讽和否定的方式对儿童的一些正面或者负面的情感进行评价。

　　例如，当孩子因为自己的某些行为而喜悦的时候，有些家长可能会嘲笑或贬低这种健康的自恋行为，说："这点小事就沾沾自喜，真没出息！"这会让小孩觉得为自己高兴是一件羞耻的事情，或者觉得自己不值得被肯定。当孩子因为一些事情而闷闷不乐时，有些家长会否定或者训斥这种情感反应，义正言辞地告诉孩子："这有什么好哭的？你真是懦弱！"或者"这种事情也难受，你的心眼也太小了吧！"同样，这种态度也容易造成孩子不能正视自己正常的情感反应，倾向于否认、压抑或者隔离自己的负面情绪，从而带来更严重的身心问题。

3 _ 以情感惩罚孩子

　　当孩子违逆家长惹大人不高兴的时候，有些家长便好用体罚，让孩子的身体承受不适。有些家长好情感惩罚，要么使用言语训斥和贬低，要么干脆不理，使用冷暴力。其实不管是身体惩罚还是情感惩罚，都会伴随一定程度的负面情绪体验，体罚可能会让孩子恐惧、害怕，训斥和贬低可能会让孩子羞愧和懊悔，冷暴力会让孩子悲伤和绝望。这些不面对和解决孩子行为问题本质的应对方式，通常是为了宣泄家长内心的情绪，或者惩罚孩子让家长产生了如此不好的情绪。教育心理学的很多研究表明，惩罚在教育中的效果是最差的，不仅如此，还以牺牲了亲子关系为代价。

4 _ 对儿童的情感进行错误的归因

　　家庭教育中，家长面对孩子情绪反应另一个常见的应对就是曲解孩子真实的情感内涵，根据家长自己的意愿或者有利于管理的角度进行解读。

　　例如，当家庭中有了第二个孩子，第一个孩子不管年龄多大，可能会产生一个非常正常的情感反应——"嫉妒感"，这种来自手足竞争的天性反应可能会因为两个孩子相差的年龄、性别以及第一个孩子的实际年龄等很多因素表现出不同的行为表现和情感强度。如果父母不能认识到"嫉妒感"对手足来说是正常的，或者父母自身不太能面对和接纳这种情感，就会对第一个孩子的"嫉妒感"进行自以为是的归因，"你不是嫉妒妹妹，你是很爱她的"，表面上看，似乎这种归因有利于家庭和谐，但实际上对第一个孩子来说，会让其不能面对和理解自己这份正常的情感，因为父母的反应会让孩子觉得拥有这种情感是不好的。如果父母在很多方面都用这种曲解的方式去界定孩子的情感，久而久之，孩子就会丧失对自己情感反应的辨别力，形成扭曲的情感认知和反应，并会承受因为真实情感无法表达而带来的其他身心反应。

　　不管是正面的还是负面的情感，只要能被准确地感知和表达，能被看到和理解，都会让个体感受到快乐以及伴随的自尊感和胜利感。所以在家庭教育中，作为孩子第一任教师，家长需要意识到自己面对各种情绪的言行态度其实就是孩子的第一堂情绪课。如果我们希望孩子的成长能多一些护航，少一些弯路，那么家长需要认真、慎重地对待孩子的情绪反应和情感体验。

六　面对情绪的基本策略

情绪首先需要被看到、被理解，其次，面对不同的情绪需要不同的策略。

父母要理解孩子有各种情绪是正常的，这点很重要。描述孩子正在经历的事情，告诉孩子"我看到了，我接纳你的情绪"。比如："你好像在搭这个积木上遇到了一点困难，你很生气。"

1 _ 抚触安抚

在孩子情绪很激烈的时候，他是没办法听到别人跟他说的话的，所以这时候家长可以用躯体接近孩子，安抚他，拉着她，抱着她。用躯体语言向他表达，"即使你在表达这些情绪，你现在感觉很糟糕，我依然愿意接近你，靠近你"，这种感觉对孩子来说是非常重要的稳定和安全感。当你抱着孩子跟他说，"妈妈理解你，妈妈知道你很生气"，和你面对面看着他说，"妈妈知道你很生气"，这两种感觉是非常不一样的。前者是在传递"我们在一起"的感觉，后者尽管在表达理解，但还是有着距离感，没有情感上的亲近。有的时候你甚至不需要用语言，只是抱着孩子就会有很好的效果，比如当孩子悲伤的时候或者愤怒的时候，也就是当他处于情绪高峰体验的时候，是不需要说话的，家长可以先用躯体抚触的方法让孩子平静下来。

2 _ 用语言向孩子示范表达情绪的正确方式

如何做才是共情？最重要的是父母不能使用"不"的指令。比如孩子在哭，父母常常会说"别哭了，别哭了"，这样就不是共情，父母可以说"我知道你现在很难过"，帮孩子把情绪表达出来。

首先要允许孩子有情绪，其次用语言帮他把情绪表达出来。

家长在面对孩子情绪的时候，有一个非常好用的方法，就是用语言帮他把情绪表达出来。我们成人也是这样，当语言不能帮我们表达情绪的时候，行为就会退化。比如很多一发脾气就打人或摔东西的成年人，他往往嘴很笨，他没办法用语言把自己的情绪表达出来。

小孩子在语言发展还不够好的阶段时，比较容易躯体化，就是没办法用语言来表达自己想法的时候他会用肢体动作。比如两三岁的孩子，他本来可以很好地表达自己，但是当他情绪太剧烈没办法表达的时候，他就会退行到婴儿阶段——大哭，闭着眼睛没办法听别人讲话，不停地扭动自己的身体，甚至打滚。而随着语言表达能力越来越强，孩子发脾气的次数会越来越少。因为他学会了怎么用语言表达情绪，很多情绪都可以抒发出来，就不会再退行到哭闹的阶段了。

所以在幼儿没办法用语言表达自己情绪的时候，父母首先需要接纳他的情绪，同时用语言帮他表达——"我知道你现在很生气"——

让孩子意识到自己正处在什么状态下，让他更了解自己的感受和身体，不至于恐慌。其次把他的状态用语言表达出来，下次他就会学着用语言来表达。他就会越来越少跺脚、打滚或大哭，他会直接用语言表达——"我现在很生气""我现在很烦""我很不开心"。在他做出躯体反应之前，他先给出这些"警告"就起到了非常大的缓冲功能。这是孩子需要学习的、被社会接纳的表达情绪的方式。当孩子成年以后进入社会，旁人阻碍了他的利益时，他就会用合适的语言来表达，而非直接上去给人家一拳，跟人家发生冲突。

3 _ 建立家庭和公共场合适用的情绪发泄方式

父母可以跟孩子一起制定父母能够接受同时对孩子来说有效的表达情绪的行为。

比如有的孩子是跺脚，有的孩子是扔抱枕，或撕纸，或把纸使劲揉成团，然后扔到角落里。或者可以在家里整理出来一个发泄角，让孩子去拍打毛绒玩具，或做一些运动消耗一下，必要的时候可以哭两声，在不骂人、不攻击别人、不伤害嗓子的情况下也可以吼两声。

父母不应该一味地制止孩子表达情绪，而应有效地引导他们在家庭环境或公共场所中用合适的方式来表达自己的情绪。家长需要帮助孩子认识到有些行为是不被社会所允许的，比如打人、骂人或破坏东西。当孩子出现这类行为的时候，家长需要教给孩子一个替代行为。

在家里相对宽松，发泄情绪的方式会更多一些。在公共场合，对孩子的要求会更严格一点。我们需要告诉孩子，在社会环境中需要考虑到更多人的感受，所以这个时候可选择的发泄情绪的方式会少很多。孩子在外面很生气很沮丧的时候，父母可以拥抱孩子，可以用力地抓着他的手，让他使劲捏你，这也是一种发泄情绪的方式。

最后，衷心地希望，通过这节内容，家长们可以更加客观理性地认识情绪，同时也更能看到情绪对我们生活和关系的意义和价值，努力地让自己去拥有情绪而不是让情绪拥有我们。

做一个有温度的人！这意味着，感性而不情绪化，理性而不冷漠，包容而有原则，坚定而温暖。

容纳

生命最初是从子宫内孕育和生长的，小小的子宫给生命的发展提供了一个完美的空间，一切都是那么自然，流畅，恰到好处。就像植物需要土壤，动物需要洞穴，我们养育小孩也需要给孩子提供一个物理空间——一个安全的、稳定的、能遮风挡雨的空间——我们通常称之为"家"。

　　"家"这个字的象形含义就是：在房子里养猪。这意味着，我们要有一个物理空间，有一定的经济基础，有一定的物质条件。但是一个小孩的成长，远不止身体成长这么简单，就像我们在前面章节说到的，它是一个人身心发展的全过程，除了身体，还有心理。因此，养育一个孩子，不仅仅需要提供必要的物质条件和身体照料，还需要提供心理和精神层面的照料，营造有益于心理发展的空间，因而，亲子关系质量就显得尤为重要。

　　温尼克特曾经说过："没有母亲的照顾，就没有婴儿这回事。"婴儿和照顾者的关系是婴儿心理和情感发展的熔炉。如果我们把"促进心理发展的空间"——亲子关系——比作一个容器，那么本章的内容就是想重点谈一谈，这个容器应该具备什么样的特质，它所提供的这种"容纳"功能对孩子心理发展有何意义，作为提供这种容器的重要角色——父母，我们可以怎么做。

一　为什么容纳在家庭教育中很重要？

容纳（contain）最早是由新精神分析客体关系学派比昂 [1]（Wilfred Ruprecht Bion）在其"容器理论"（theory of container）中提出的一个概念，该理论建立在对婴儿早期观察的基础上，特别是在对某些先天无法忍受的心理状态的观察基础上发展出来的，用于解释不同主体之间的相遇如何能够将心理事件转化为有意义的经验，进而促进人格的成长。

在比昂看来，容纳是母亲和婴儿最早的沟通方式。母亲如同一个容器将婴儿所投射出的所有感觉都容纳进去，并借助其强大的心理能力的加工使它们变得可以理解和忍受，然后再将其返回给婴儿。这样一来，婴儿便能重新理解自身的经验，并将内部客体 [2] 转变为一个能够承受并缓和其焦虑的好客体，从而得到被支持和拥抱的感觉。

如前所述，小婴儿从最初的无助逐渐体会到自己身体的力量和需求，也开始感受到对自己和他人强烈的情感冲动。这个转变过程中伴随的强烈的体验需要被充满爱的大量照顾来处理和支持，否则婴儿会

---

[1] 威尔弗雷德·鲁普莱希特·比昂（1897-1979），英国精神分析学家，群体动力学研究的先驱。曾经跟从梅兰妮·克莱因进行分析，先后担任伦敦精神分析诊所主任（1956-1962）以及英国精神分析学会会长（1962-1965）。

[2] 内部客体是克莱因"客体关系学派"的一个重要概念，是儿童内心关于重要人物（养育者，如父母）的内心表象，不是图片而是一种人际关系的形式存在。

感觉到自己被巨大的情绪淹没，抑或是过度的惊吓。这些伴随心智发展的情绪体验对婴儿来说就是无法忍受的心理状态，例如婴儿会突然大哭，或者烦恼不安难以安抚，或者睡得不踏实需要一直陪伴等。婴儿会把这些状态从自己的体内投射给外部（环境，关系，客体），也就是母亲（养育者）这个角色，如果此时，母亲作为容器的功能是良好的，那么就能接纳和吸收婴儿给她的这些难以忍受的部分。

例如，面对焦躁不安和突然情绪波动的婴儿，母亲不是非常的慌张和恼怒，也不是感到挫败和抑郁，更不是冷漠和疏离，而是充满耐心和爱心的，能够忍受婴儿因为不适感带来的各种情绪行为反应，并能用温和的方式去安抚婴儿，轻声地回应，温柔地哄抱，充满爱意地凝视和关注，理解婴儿此刻的困难和痛苦，那么母亲就是在吸收婴儿这些难以忍受的部分，并用充满爱意的方式返还给婴儿，这个过程我们就称之为容纳。

这种吸收和返还，对婴儿最初的情感体验、关系体验以及心灵建构和人格发展都有非常重要的意义。婴儿在这样具有容纳性功能的母婴关系里感受到了安全和支持，对母亲产生了最基本的信任，并在这样的投出去和返回来的过程中开始逐渐构建自己对难以忍受情绪的耐受能力。由此可见，婴儿的情绪反应越早能被母亲容纳，越有利于婴儿安全感的建立，意味着婴儿越有能力和机会去发展自己的情绪能力，也越有利于婴儿心智的进一步发展去应对更加复杂的情感体验。

从比昂的"容器理论"中诞生的"容纳"概念，也逐渐成为心理咨询与治疗中形容心理咨询师以及咨访关系的一个非常重要的概念。

我们经常比喻，好的心理咨询师就是一个足够好的容器，这意味着心理咨询师能在吸收和承受来访者的同时，利用专业的素养、理论和技能通过咨访关系发挥"类似母亲"的功能去"养育"和"滋养"来访者，促进其心智的疗愈和成长。所以，心理咨询与治疗之所以能发挥疗效的本质就在于咨询师创设了这样一个"容器"，一个安全的、有容纳功能的"容器"，来访者的心智可以在这个"容器"里去表达、呈现，来访者有机会去面对、体验和思考，也有机会被更成熟的心智去包容、理解、关心、照料、消化，经过一段时间的咨询工作，"容器"所发挥的熔炉功能促进了来访者的心智朝向更加成熟、整合的方向去变化。

安全的容器，意味着心理咨询的工作是有伦理的、有边界的、有限定的时空的，也意味着咨询师给予的关注和构建的关系是积极的、真诚的、非评判的。具有容纳功能的容器，意味着心理咨询师是有一定的专业素养、理论基础和实践能力的，对不同性质的情绪情感体验有一定的承受能力，有足够的心理弹性来面对信息的模糊性和未来的不确定性，并能用自身的专业性、对人性持有的积极态度和自身情感的温暖有力来促进来访者的心智疗愈。而咨询师的自我成长，其中一个很重要的方面也是不断地促进自己身为"容器"的容纳能力的提升。

在本章中，我希望在家庭教育中也引入"容纳"这个概念，将我们从心理咨询与治疗的临床工作中的启示，返还给家长，从亲子关系、家庭关系乃至更大的人与物的关系中去理解这个概念，探讨我们如何成为更好的"容器"，去发挥容纳的积极作用。

二 在家庭教育中，容纳意味着什么？

正如心理咨询与治疗的各种理论流派所明确的那样：成人的健康基础是在童年建立的，而这样健康的基础，则是由母亲在小生命出生的最初几周和几个月内帮忙打下的。比昂在婴儿早期观察的临床工作基础上确认了"母亲对婴儿的容纳功能促进了婴儿人格的成长"，心理临床工作表明咨询师对来访者的容纳功能促进了来访者心灵的疗愈。因此，我们可以推演，有容纳功能的各种关系都为心智的发展、修复和成长提供了可能性。

1 _ 容纳对孩子的意义

虽然在比昂的理论里，重点论述的是容纳在母婴关系中的重要意义，特别是母亲良好的容纳功能对婴儿人格和性格发展的重大作用。但其实，关于容纳功能带给个体心智发展的意义可以贯穿整个生命全程。

（1）婴儿阶段：爱与支持，基本安全感的确立。

对一个新出生的婴儿来说，因为体内本能发展带给身体和感官的刺激会产生很强烈的情绪体验，婴儿的心智不足以解释和理解这些，但是因为程度过于强烈，难以忍受，所以需要将这些不适感投射出来。母亲作为婴儿早期亲密的照料者，必然需要面对小婴儿这种突发的、时刻的情绪反应。

正如前文所说，如果母亲可以充满爱意地去容纳婴儿的情绪反应，用自身较为成熟的心智去理解和消化这些难以忍受的部分，将它们变成可以忍受的部分返还给婴儿，那么对婴儿来说，这些让他们害怕和紧张的情感冲动就以某种可以耐受的感觉被吸纳，婴儿从母亲那里获得了某种安全感、放松感，同时也习得了某种耐受性，对莫名的情感冲动有了非常初级的感知，心智也在这个过程中得以发展。

所以说，面对无缘无故哭闹的孩子，并不是不理他就能真正解决问题。如果婴儿投射出来的难以忍受并没有以上述良好的方式被返还，相反地，母亲更加暴躁或者拒之不理，那么对婴儿来说，这种难以忍受的体验就有了更强的毁灭性，因为投射出的难以忍受不仅没有缓解反而被更加严厉地惩罚。婴儿需要孤独地去面对这份莫名的恐惧以及难以忍受，这并不利于早期生命的成长，那么婴儿可能就会舍弃、屏蔽掉自己对这种体验的感受，用麻木来抵御自己无法承受的痛苦。

如此一来，看上去，婴儿无缘无故哭闹的时候，母亲吼一声或者不理他，好像解决了问题，因为婴儿不再哭闹了。但是从本质上和长远来看，恰恰是阻碍了婴儿心智发展的机会。婴儿没有机会在安全、放松和充满爱意的状态下提升自身对莫名情感的耐受性，并将这种情感冲动解释为可怕的、恐惧的、毁灭性的，然而舍弃、屏蔽、割裂这些比较初级的防御会阻碍心灵的完整性。

就像是一颗种子，没有感受到土地的肥沃和滋养，不能自由舒展地生长，反而需要削足适履，通过放弃自己的一部分来交换继续生存下去的可能，那么这颗种子很难以饱满的、完整的姿态去探索自己生命的可能性。

从温尼科特的观点来看，婴儿怎么宠爱都不为过，正是这种本能的、原始的、强烈的爱让生命的起点获得了庇护，为生命后期的自由发展创立了可能。跟自己的各种体验相处，是我们一生的课题。但是在生命发展的最初几年，这种跟自己相处的练习，主要依赖亲子关系的质量。

对照顾婴儿的新手父母来说，非常大的一个困惑就是：婴儿怎么那么爱哭？随之而来的难题就是：婴儿哭了，我们该怎么办？看完了上述内容，我相信对新手父母来说，应该会有一些启发。你还会认为"哭声免疫法"是有道理的吗？如果婴儿因此真的减少了哭泣，只能说明婴儿付出了更大的代价，舍弃了对情感的体验，割裂了心灵的完整性。

很多父母不太能忍受小宝宝的哭闹，尤其是在搞不清楚原因又安抚了一段也没用的情况下，有些父母会因此烦躁而发脾气，而有些会感到非常挫败和沮丧，这些都是父母容纳功能需要提升的信号，造成这些反应的原因是因为父母总是试图用成人的方式去理解小宝宝的哭闹，认为总有客观原因，找不到或者解决不了就会无意识地开始自我否定和攻击，导致自己情绪恶劣。

如前文所述，小宝宝突发的难以忍受的情感体验本来就是本能的一部分，没有理由也无关对错，需要成人用良好的、支持的态度陪伴他度过这个过程，父母完全没有必要去"自我加戏"，赋予太多的解释或者评判，这样只会伤害自己，降低父母自身的容纳功能，进而伤害了孩子。父母在确认小宝宝没有其他生理原因例如饿了、尿了、受伤等导致大哭后，只需要轻轻地安抚宝宝就好。

注意，是安抚，不是制止。你可能会问，这二者的区别是什么。安抚是轻度的哄，伴随着"哦，宝宝疼了……宝宝摔倒了……宝宝害怕了吧……没关系，宝宝，一会儿就不疼了……"之类的共感性语言，伴随抱着或者抚摸或者轻拍。而制止则是"别哭了……宝贝，要勇敢，要坚强，不哭了……你别哭，我给你……你别哭，我带你去……"之类的迅速转移注意力或者威胁或者控制的语言。

我们要明白，哭也是一种表达，一种自我疗伤的方法，特别是对于小宝宝而言，因为没有其他的方法所以只能哭。如果此时连哭都被不允许，那么只会憋出内伤。再就是，哭是需要陪伴和安抚的，而不需要批评和教育。或许这件导致哭的事情是一个可以教育的机会，但正在哭的场合绝对不是适合教育的时机。我们在前两章已经谈过，任何情绪爆发的时候都不是教育或者是沟通的好时机，应对情绪的最好方式是陪伴。你越平静，陪伴的效果越好，你越焦灼，这个过程越糟糕。

很多人问，什么时候表明自己做好了当妈妈的准备（类似的，诸如结婚的准备、恋爱的准备、工作的准备），其实这种准备更多的是一种心理上的准备，更确切地说是你的内心是否足够强大，能够容纳接下来可能发生的事情。**容纳的意思不是一定能解决，而是愿意面对，不逃避。**

（2）幼儿阶段：控制与反抗，主动性的探索。

如果说婴儿阶段，母亲充满爱意地去抱持婴儿意味着基本安全感的建立和生命安全的体验，那么到了幼儿阶段，具有良好容纳功能的亲子关系就意味着孩子在相对安全的感受下，有空间有机会去探索自己内在的可能性。

根据埃里克森[1]的社会心理发展阶段理论，2~4岁幼儿的主要社会心理发展任务是自主独立与羞怯怀疑。我们通过养育经验也能感受到，相比婴儿需要全方位的照料和安抚，幼儿更需要的是探索和尝试。

自主性的表现之一就是学会说"不"，一方面嘴巴说"不"，另一方面行为上又在模仿成人。这个阶段的幼儿对环境充满了好奇心，以"自己可以做"感受自我价值、成就感、喜悦感，与此同时又因为身体发展所限，经常感受到挫折、失败、沮丧。

因此，作为父母，如果能在确保基本安全的情况下，以鼓励、支持的态度，而不是阻碍、否定的态度允许幼儿去探索；在幼儿对自己羞怯和怀疑的时候能少安勿躁，保持忍耐和关注，而不是急于干预和训练；在幼儿感受到挫折和沮丧的时候，能陪伴和安抚，而不包揽和

---

[1] 埃里克·霍姆伯格·埃里克森（Erik Homburger Erikson，1902–1994），德裔美籍发展心理学家与心理分析学者，以其心理社会发展理论著称。

代劳，那么，这样的亲子关系就能最大程度地发挥良好的容纳功能，容纳了发展性、可能性、失败性和可塑性，幼儿也能因此顺利完成心理发展任务，获得自我控制感和一定程度的意志感，形成良好的自尊体验，为未来的发展打下基础。

生 活 小 剧 场

　　2 岁半的 HH 去室内游乐场，喜欢坐小汽车也喜欢滑滑梯。HH 特别希望能带着心爱的小汽车从滑梯上滑下来，妈妈告诉 HH，小汽车通常喜欢在平坦的地面玩，不一定喜欢滑滑梯。HH 表示，不去试一下怎么知道呢。妈妈告诉 HH，如果真的很希望带着小汽车去滑滑梯，那么需要自己想办法哦。

　　HH 一手拖着小汽车，一手扶着阶梯，艰难地将小汽车一个台阶一个台阶往上挪动。妈妈跟在后面关注着但是没有伸手去帮忙，整个过程 HH 变换各种姿势，上台阶，过"山头"，走"锁链"，费了九牛二虎之力终于把小汽车拽上去了。站在滑梯的当口，HH 让小汽车先滑下来，自己接着滑下来，嘴里念念有词："小汽车你喜欢滑滑梯吗？我们再来一次吧！"非常有成就感。

　　游乐场里的小朋友非常惊讶和羡慕，原来小汽车也可以滑滑梯呀！

（3）学前阶段：边界与空间，自我感的确立。

3~6岁学龄前儿童的主要社会心理发展任务是主动性与内疚感，孩子在这个阶段主要回应的发展问题是：为自己而做是可以的吗？

在这个阶段，儿童检验了各种各样的限制，以便找到哪些是属于许可的范围，而哪些又是不许可的。儿童的"超我"开始产生，他们会通过父母以及外界的反应来判断自己的行为是否合适。此时，如果儿童的好奇心、创造性和想象力获得了大人的认可和鼓励，并被给予了大量的机会去自由自在地活动和游戏，提出的大量问题也能得到成人耐心的回应，那么儿童的主动性就会进一步发展，体验到愉悦，更有自主的意识，并且对环境保持积极的探索。

相反，如果父母否定、嘲笑和挖苦儿童的主动性活动，会让儿童对自己的游戏行为产生内疚感、挫败感和罪恶感，放弃主动探索而选择一种循规蹈矩的"更安全"的生活方式，倾向于生活在别人为他们安排好的狭隘的圈子里，这会进一步阻碍孩子自信心和进取心的建立，而无法获得"目的"这一重要的自我品质。埃里克森把"目的"解释为："正视和追求有价值的目的的勇气，尽管这种目的曾被幼年的幻想，被内疚、被对惩罚的丢魂落魄的恐惧所阻挡。"

学龄前阶段，亲子关系的容纳功能更重要的体现在父母在维持必要的社会规则规范的基础上，容许儿童以自由、自我、反复，甚至略带"挑衅"和"反叛"的方式去开展主动性的活动，并容许自己以儿童更擅长的游戏方式去和孩子互动，在尽力维护儿童主动性的前提下进行适当的辅助和指导。

生活小剧场

HH是一个聪慧又敏锐的男孩子，从小班升入中班，换了班级也换了两位老师，课外的运动班也因为升入中班更换了上课时间，没有任何人告诉HH，他还是预感到了运动班可能也会换新老师。

从幼儿园去运动班的路上，HH一直小声嘀咕："我想一直跟着小七老师（运动班小班的老师）。"

妈妈安慰他说："我们去看看就知道了。或者，我们跟小七老师商量一下，看看她能不能继续带着你。"

果不其然，就像当初从李老师换成小七一样，中班的HH需要跟着一个新的男老师了。同样，HH情绪大爆发，从强忍着说不跟别人就跟小七，到上课后实在忍不住大哭，期间拒绝任何想要靠近他或者试图说服他的人，只是趴在妈妈怀里大哭。

整个过程妈妈只做一件事，抚摸他的后背，说着："哦，好吧好吧，哭出来就好了。"并示意其他人先别理他。

大概五分钟后，HH看着妈妈："我今天不想上课了，不想跟新老师上课。"

妈妈看着他说："好的，HH换老师了，心情不太好。需要时间适应一下。"

HH点点头："妈妈，这一周都不想上。"

妈妈说："好的。可以！但是妈妈想知道，你觉得什么时候能开始呢？"

HH若有所思，过了一会儿，坚定地说："下周一，下周一我就和麦德老师上课。"

妈妈看着他："真的吗？你觉得下周你可以？"

HH挂着泪珠点点头："是，下周一。"

妈妈说："好的！那我们约定了。你去跟麦德老师打个招呼，我们今天先走了。下周一再继续跟他上课。"

HH有点胆怯，鼓足勇气过去跟麦德击掌约定，然后走向小七老师："再见了！"

做完这一切的HH情绪稳定了，又在运动班玩了一会儿，开心地走了。

基于对HH的了解，这一切妈妈都能提前预料，包括他的抗拒、他的情绪、他的推迟，甚至连运动班的助教老师都预感到HH换老师可能会有情绪波动。只是，让妈妈有点意外的是，HH竟然能在几分钟内自己做好调试和安排。

整个过程大概十五分钟，其中既有对他情绪的理解和抱持，又有对他能克服困难坚持上课的期待，更有希望他借此理解承诺的内涵和意义，不希望因此就破坏了他对运动的热爱，也不希望他借此就中断了对运动的坚持，这些跟成长都息息相关的议题在一瞬间爆发，每一点都需要拿捏分寸。妈妈"偷懒"，选了最简单的一个——全然地接纳和相信他！然后，他就创造性地解决了这个困局！

下周一是不是真的能上，还是个未知数。但至少在今晚，HH 已经有了长足的进步。当初换老师用了一个月时间来适应，这次他给自己一周的时间。对家长来说，现在已经到了逐渐让孩子意识到"承诺"这个概念的时候了，妈妈和爸爸也努力做到言必信，行必果，答应他的尽量兑现。HH 也在这个过程中逐渐学会对自己的话负责，更有担当了！

在儿童期的三个阶段，父母的容纳功能是非常重要的。随着儿童在前面三个阶段中所遇到的心理发展危机得到积极的解决，就获得了希望、意志和目的三个积极的品质。儿童会对生活充满希望，有自己的想法并愿意付出行动去探索和尝试，愿意为了达成某种目标做出行为和意志的努力，从而为面对小学阶段日渐繁重的课业学习以及青春期阶段因为身心俱变所带来的情感风暴打下良好的人格基础。

（4）小学阶段：依赖与独立，心理资源的积累。

从小学阶段开始，父母需要逐渐接受自己不再是孩子人际关系的重心这一现实，在对孩子影响力的重要性排序上愿意退居二线，给予孩子构建他的人际关系的空间。对小学生来说，"父母是唯一的权威感"逐渐向"教师—父母二元"转移，学校逐渐成为孩子在家庭以外另一个重要的生活学习场所，学校里的人际关系也逐渐成为孩子新的关系体验。

小学阶段也是儿童心智发展的关键阶段，孩子开始投入现实和自己的社交团体中，体验友谊、学习、竞争，学习规则，学会分享，忍受挫折，承担责任，在各种群体活动中学习生存法则，获得进一步远离父母并逐渐独立的能力。这个阶段的孩子有极大的需求想要发展出一个独立的世界，一个属于自己的世界，与成人世界分开但并非切断。他们需要时间去投入到自己的体验中，去尝试，从而培养更强的自我意识。

这个变化对家长容纳能力的考验就是家长能否接受与孩子渐行渐远的亲子关系距离，继续做好支持和保护工作，避免过度参与或放纵，剥夺孩子发展自我力量的潜能。父母通过调动自身成熟的心智帮助孩子在依赖和独立之间获得一种平衡，是这个阶段非常重要的成长任务。

生 活 小 剧 场

PP 是一个心地善良的女孩，虽然家境富裕但是一点也没有公主脾气，非常友好，刚刚转学到一所新学校，读三年级。但是两个月下来，妈妈发现 PP 越来越少谈及学校，对学校老师和同学的话题也比较冷淡，跟刚到学校第一个月时的状态相比差别很大。

一次跟小 3 岁的妹妹一起玩的时候，因为玩具问题起了争执，PP 大哭不止。妈妈借机跟 PP 谈心，了解到原来 PP 在学校被几个女同学排挤，而这几个同学恰恰是 PP 刚到学校时最先交到的好朋友。排挤的理由很简单，女生 A 和 B 跟 PP 是好朋友，女生 C 希望加入小团体，遭到了 A 和 B 的拒绝和取笑，PP 觉得这样对待他人的方式不好，即便不跟 C 做朋友，也不应该这么不友好。PP 主动跟 C 表示愿意跟她一起做游戏，但是没想到，A 和 B 反而选择了 C，将 PP 给排挤出去，还到处说 PP 的坏话，导致 PP 在班级里被孤立。

在听 PP 讲完事情的原委后，妈妈一方面感觉 PP 没有做错什么，另一方面又对 PP 正在经历的友情变故而感到心疼。妈妈问 PP，需要妈妈为她做点什么呢？要不要告诉班主任或者换个班级呢？PP 觉得不需要，她只是很困惑，为什么朋友可以在一夜之间有那么大的变化呢？妈妈克制住自己想私下解决这件事的冲动，在接下来的时间里更多地陪伴 PP，聊了很多友情的话题。

妈妈充分肯定了 PP 的行为，即便为此失去了朋友还被孤立，PP 对待同学的方式还是被妈妈认可的。妈妈告诉 PP，每个人都有选择跟谁做朋友的权利，A 和 B 到处说 PP 坏话的行为是不对的，他们放弃跟 PP 做朋友可能说明她们并不合适做朋友，并不是 PP 做错了什么。尽管这些对 PP 来说有些费解，但是 PP 还是在这个过程中感受到了友谊不是自己能决定的事情，而且不用因为失去了朋友就过多地否定自己。

这段时间，对妈妈和 PP 都是挑战，一方面看着 PP 依旧困扰和不开心，妈妈觉得很心疼，另一方面 PP 和妈妈都觉得事情也没有到需要换班和转学的程度，妈妈只是尽己所能地去陪伴，回应 PP 关于友谊的困惑。妈妈为此还带 PP 去看了心理咨询师，借助于绘画和箱庭（沙盘），PP 表达了自己关于"交朋友"这件事的困扰：弯弯曲曲的访友之路显示出了 PP 对找到真正的朋友不容易这件事的感受，设置了很多的困难和关卡，但是最终还是跟好朋友胜利"会师"了。

大概一个月后，事情有了转机，PP 回家后告诉妈妈，她交了新朋友，是班级里的另外两个女同学，因为体育课上 PP 帮助她们学会了新技能，她们玩得很开心。PP 说因为刚转学，很多同学不了解她，所以很容易被 A 和 B 蛊惑，但是慢慢的，大家就知道她不是那样的坏孩子，都愿意跟她一起玩了。妈妈很欣慰，这个艰难的过程和孩子一起坚持下来，PP 不仅收获了新的友谊，也坚定了对自己的认识，对友谊有了更多的希望和信心。

（5）中学阶段：迷茫与矛盾，风暴下的自我探索。

对中学生来说，他们将要度过一个非常重要的人生阶段——青春期。尽管青春期的动荡、矛盾、行为冒进和情绪化让大家都觉得青少年是一个问题群体，但是很多治疗师包括青少年自己都认为："他们不需要被理解，他们需要自己探索，用自己的方式，达成对自己的理解。"（温尼克特）正如安娜·弗洛伊德所说："虽然一个青少年的行为是前后矛盾、难以捉摸的，他可能会遭受痛苦，但是在我看来，他似乎并不需要治疗。我认为，应该给他时间和空间来得到他自己的解决方案。更确切地说，可能是他的父母需要帮助和指导，以便他们能够忍受他。在生活中，若是有一个正处于试图解放自己的青春期儿子或女儿，很少会有比这更难处理的情况。"

对青少年来说，同伴比父母和老师显得更为重要，他们可以在同伴团体中获得支持感，探索自我的多个方面，并最终让自己趋向整合。这个同伴团体也保护了他们身为个体的脆弱感，避免过度沉溺于虚拟的世界。同伴团体的交往和探索也为日后发展亲密关系奠定了基础和积累了技能。家长要看到这种变化，尊重青春期孩子的友谊、秘密和隐私，要承认同龄人交往对孩子成长的重要意义，不轻视同辈带给孩子的重要价值和影响。

同时，父母还需要做好的重要准备就是，尽管青春期的孩子会敌视、攻击、否定自己的父母，但依然需要来自父母的支持、认可和肯定。因此，对父母来说一个非常重要的挑战就是：不要报复，要在场。容忍亲子关系在这个过程中承受的张力，坚定但不坚硬，支持但不紧密。父母也需要面对自己被激起的各种情绪体验：无用感、无力感、不确定感。父母对青少年必须保持尊重，但也不是漠不关心的、疏离的。要允许孩子去承担一定程度的风险，允许他们犯错并承担后果，但必须始终在已知的、经过协商的界限之内，即使这会受到挑战和忽视。

最后，我想强调的是，尽管我们阐释了在成长的各个阶段父母的容纳对孩子心智发展的重要意义，但并不意味着，我们在鼓励对孩子一味的忍让和没有原则的溺爱。**强调容纳的功能跟在孩子早期的生活中设立必要的界限是不矛盾的，一个容器之所以能发挥容纳功能恰恰是因为容器自身是有边界的。**

关于界限的具体内容会在下一章重点介绍。在这里，我只是想说明，家长坚定的态度、明确的规则以及在孩子早期生活中设立必要的限制，与爱、敏感、必要的容纳以及对孩子需求的关注，共同构成了自我的基石。溺爱（无原则的爱）就好像一个助长破坏性、冷漠的、被动的旁观者，这种不健康的爱向孩子传递的是一个以孩子为中心的虚幻世界，并且认为孩子是脆弱的，没有能力承受现实中的边界。在溺爱中长大的孩子其心智一直是唯我独尊的婴儿，这恰恰是成年后最大的不幸的来源之一。

2 _ 容纳对家长的意义

上面谈了很多关于亲子关系间父母的容纳功能对促进孩子心智发展的重要意义，可能很多家长会因此感受到很大的负担，似乎只有做到上述的全部，才能保证孩子的健康成长。

如果身为家长或者即将身为家长的你，因为阅读了上述的内容而产生如此烦恼和焦虑，真的非常抱歉。我想澄清的一点是，我们试图详尽地了解儿童的心智发展过程，看到不同阶段的心理发展任务以及影响人格面向的不同因素，并不意味着我们需要因此按图索骥、照本宣科地去养育，事实上也不存在这样的一本"育儿手册"，能保证你百分百地去做就能养育出没有问题的孩子。

生活中我们看到的普遍情况是，绝大多数孩子的成长虽然不总是一帆风顺，但依然是茁壮健康的。大多数人都能过上普通人的平凡生活，社会上普通人的数量远远高于精神障碍患者的数量。我们可能有着各种各样的不足，经历大大小小的困难，克服或痛苦或沮丧或懊悔的诸多困境，拥有甜中带酸、苦中有乐的不同生活。

因此，去学习、去了解、去反思、去成长，并不意味着你必须成为一个完美的家长，而是让自己成为一个具有反思能力的、尽可能心智成熟的个体。所谓成熟，也并不意味着圆滑世故，没有烦恼和冲突，而是指一个人不害怕面对各种困难和问题，并能有效利用自己的思维、能力和资源去解决各种困境。

著名精神分析学家科胡特[1]说过一句话："父母是什么人，比父母怎么做更重要。"国内的精神分析专家曾奇峰，曾经对"父母是什么人"做过一个非常接地气的诠释：清爽的人，即在关系中边界清楚，不黏黏糊糊；能够自得其乐，不太依赖他人；处理事情立断果决，不

---

[1] 科胡特（Heinz Kohut，1913–1981），在维也纳获得医学学位，并在芝加哥大学接受神经和精神医学的训练，是精神分析的自体心理学派创始人。

拖泥带水；尊重他人的边界；等等。

我自己曾经也是一个非常追求完美的人，并且常常因为自己做得不够好而自责。学习了心理学以后，逐渐认识到，追求完美恰恰是一个人人格脆弱的表现，因为这意味着你无法承受瑕疵。同样，一个追求完美的人，不能自我接纳，也很难真正去接纳别人。如果我们连自己身上的不足、瑕疵都难以释怀，不能理解自己和宽慰自己，也不能共感因为无法完美而带来的沮丧和挫败感，那么我们面对别人，也很容易去指责和挑剔，而不是宽容和友善。

有些人可能会反驳：不是这样的，我可以做到"严于律己，宽以待人"。我想从心理学的角度来理解的话，这句话成立只可能是，"严于律己，很难真正宽以待人，如果真的做到了宽以待人，那人一定是外人。而且所谓的宽，也不是真正的宽，而是客气"。

我们学习的很多词语，其实都是中性的，也就是说在不同的语境下，可能都会产生积极或者消极的意义。举个例子，以小见大、见微知著，这些词都是形容通过小事可以看出大节。在某些情况下，这类词语背后的思维方式是适用的。但是如果我们生活中太过依赖这种思维，或者非常偏执地认为这种思维在任何情况下都是准则，那么就会形成所谓的"功能不良信念"（认识行为治疗 [1] 的专业术语）。判断一个信念是功能良好的还是不良的，有一个非常重要的标准，就是看这

---

[1] 认知行为治疗（cognitive behavior therapy）由贝克（A.T.Beck）在 20 世纪 60 年代发展出的一种有结构、短程、认知取向的心理治疗方法，主要针对抑郁症、焦虑症等心理疾病和不合理认知导致的心理问题。

个信念是僵硬的还是灵活的。僵硬的信念容易造成惯性思维，带来刻板印象，阻碍个体的灵活性，忽视其他的可能性。

回到我们刚刚说的"严于律己"，如果是从增强自控能力和自律性的角度，那么是无可厚非的。众所周知，自我克制、坚持、恒心和毅力构成了一个人人格中坚毅的部分，这种克制的力量在生活中的很多方面都是非常重要的。但是，这并不意味着，严于律己就是不允许自己有一点瑕疵和犯任何错误。人非圣贤，孰能无过。而且，每个人都有自己能力的上限，有力所能及，也会有力所不能及。生命中有很多事情，非人力所为。生老病死、爱别离、怨憎会、求不得、五蕴盛，人生四苦八苦皆非人力所为，不管是富甲一方还是卓尔不群的人都很难在这样的事情上实现自由意志。因此，我们生而为人，必须承认自己的局限性。**承认并接纳自我的不足，既是活着的智慧也是成长的目标之一。**

自我成长的终极目标并不是自我完美，而是自我接纳。这意味着，我们能从内心深处认可自己，将自己看作一个独特而独立的个体，尊重这个个体的独特性和完整性。正是因为能自我接纳，我们才有可能由己及人，真正做到接纳他人，也就是"宽以待人"。这里的宽不仅仅是礼貌态度和社交修养，它反映了我们对他人发自内心的真正的宽容和理解，因为懂得大家都有不得已而又无能为力的限制，所以才充满慈悲和谅解；因为懂得每个个体都是独一无二的，所以才尊重这种差异性。

那么，当我们说家长也需要有容纳自己的功能时，是希望家长能首先放下一个不可能实现的同时也是有害的目标——成为完美的家长。

温尼科特有个非常著名的概念"good enough mother"，国内有人将其翻译成"足够好的妈妈"，这个翻译容易引发误解，好像"足够好"就是在强调非常好，完美。但其实，good enough 的本意是"差不多好就行了，不需要太好"，所以也有人翻译成"60 分的妈妈""及格的妈妈"。我们由此引申出，做一个 60 分的家长就可以了，不需要做完美的家长。理由有这么几个（曾奇峰，2019）：

- 完美的家长自身对错误、瑕疵等不好的方面难以忍受，不能承受不完美或者缺憾带来的屈辱感，不允许孩子犯错误，也就意味着不允许孩子成长，因为人都是在犯错中长大的。

- 完美的家长事无巨细，控制欲强，养育的过程中因为对孩子照顾得太周到而没有给予孩子自身发展太多的空间，压迫了孩子自身原有的潜能和创造性。

- 完美的家长很容易因为孩子没有达到自己的期待而产生指责、埋怨，过多的负面评价会挫伤孩子的积极性和自尊心。

- 完美的家长眼中更多的是完美本身，而不是活生生的孩子，孩子会因为没有被看到、被尊重，而失去了发展自我、确立自我的机会。没有自我的孩子是很不幸的，不会成长为独立的个体，只能是家长或者他人的傀儡。

做个 60 分的家长，意味着家长放下了"自己是全能的"这种自恋，更加现实和真实，用一个真实的自我跟孩子互动，而不是跟孩子一起活在虚幻的世界中。剩下的 40 分，给了孩子成长的空间，距离产生美也产生自由。孩子不会因为亲子关系而被紧紧束缚，亲子间隙的存在允许其他关系得以建立和发展。孩子有机会感受父母以外其他个体跟自己构建的人际关系体验，这种不同类型的关系丰富了孩子的心灵空间，积累了更多的心理资源，为长大后的独立奠定了基础。40 分的不足也让孩子可以充分调动自己的积极性和潜能，最大程度地发挥自身的创造力，这种空间和自由也让孩子在能感受到父母爱的同时有了探索和自我发展的可能性。

三　增强心灵的容纳性

2020 年对每个人来说，都是非同寻常的一年。肆虐全球的新冠病毒，将身处各地的人类拉入深渊，命运被推向了更大的不可知状态。经过此次疫情的洗礼，虽然拐点和结点在哪里目前看并不明确，但有一点是非常肯定的，那就是我们必须用更加强大的意志力和承受力去容纳这个险峻的、复杂的、充满不确定和未知性的、没有硝烟的"战役"。心灵的容纳度这个话题在此次提及，让我又多了一重更宽广的视角——不仅仅从亲子关系、人际关系，还有更宏大的人与物的关系、人与自然的关系，去审视容纳的意义。

很多年前，我曾经从导师张日昇那里听说过一个绘本小册《假如世界是一百人的地球村》（世界がもし 100 人の村だったら，If the world were a village of 100 people）。据说，这本册子的内容最初来自在华盛顿的世界银行任职的中野裕弓小姐，她于"9·11"恐怖事件后，收到一封同事寄来的电子邮件，颇有感触，便将内容翻译为日文。后来，由德国文学翻译家池田香代子小姐，与住在日本的政治学评论家 Charles Douglas Lummis 联手，改编为小书。

疫情之下，重温这本小书，颇多感慨。100 个人的地球村已经不再是一个假设，而是现实。我们处在高度全球化的信息网络社会，每个生命体都不是一个孤岛，而是人类命运共同体的一部分。从来就没有隔岸观火这件事，这不仅仅是人类之间，也包括了人类与自然、地球与宇宙。我们人类总自谓为自然界的最高统治者，拥有其他物种所不能企及的智慧，可是，我们也拥有其他物种所没有的贪婪、自私、残忍、冷酷。人类之间的勾心斗角，对其他物种的屠戮滥杀，对自然环境的恣意破坏，已经让我们赖以生存的地球越来越糟糕了。近些年来，极端天气越来越多，大自然正在以人类难以预测的方式发展、变化着。

此外，科学技术的迅猛发展，带来了日新月异的生活变革，同时，社会也以个体难以预测的方式更新迭代。高考时还热门的专业，很有可能在大学四年后已经没有市场，我们过去耳熟能详的职业有些已经淘汰或正在改制更替的边缘。总之，我们似乎正滑进一个不断在变革的历史洪流中，原来熟悉的一切都在朝着不可预知的方向纵深变化。当然，历史从来都是滚滚向前的，只不过科技与环境的撕扯加剧了历史变更的速度。这种加速度落在个体的身上，其不适应性会以各种身心疾病的方式显现。因为加速度会带来紧张感和失控感，情绪的张力持续作用就会影响心理健康，心理状态持续失衡会反作用于身体免疫系统，从而带来各种身心疾病。

因此，在这样的现实大背景下，我们谈论"容纳"这个概念和功能的时候，就不再仅仅聚焦母婴关系以及类似疗愈关系里的功效了，也不是仅仅从家庭教育的角度来看容纳对孩子成长的意义。我更想借由这个概念，谈一谈我们个体如何通过容纳生活中的不确定性来促进自身的稳定性，在不确定的未来中坚定信念，稳住自己的脚步。

我曾经不止一次地谈到：一个生命成长的本质就是不确定性。而个体对不确定性的态度就是焦虑的主要来源。来自心理学的研究表明，个体对不确定性或者对模糊情境的容忍性越差，越容易焦虑。在情绪那章已经介绍过了，任何情绪体验都有其存在的意义，问题的产生不是由于这种情绪的性质，而是这种情绪对个体持续产生影响的时间以及带来的功能损耗。适当的焦虑有利于个体在生命成长的过程中保持警惕性，集中注意力，着手于眼前可以掌控的局面，做一定程度的准备和预防。但是过度的焦虑，或者是任何事情都焦虑，就会导致个体的心理和精神长久处在应激状态，那显然会对个体的身心系统带来影响，从而导致各方面功能的受损。

精神分析理论认为，成人对不确定性的难以容忍和对确定性的过分强调是成人身上残留的婴儿需要。也就是说，我们每个人，从婴儿长大成人，都不可避免地残留一些婴儿期的部分，例如，面对突发难以承受的事情会大哭，在非常亲密的人面前会撒娇，情绪激动的时候会像小孩一样不讲道理，等等。这些残留的婴儿需要对成人来说，只要不是太多、太大、太过分地影响成人的基本功能，都是正常的，也是一个成人身上有"孩子气""活力"的表现，对过分强调客观、理性、思维、现实的成年人来说是一种"活性成分"。

但是如果反之，残留的婴儿需要阻碍了个体从心智的角度真正成长为一个成人，那么即便身体是成人的、成熟的，但是心智上大部分依然是孩子，尤其是智力正常但是心理发展水平停留在孩童阶段的，那么这类成人就是所谓的"巨婴"。

从这个意义上讲，我们都或多或少地有婴儿需要的残留，因此，我们会或多或少地对确定性有需求，同时觉得面对不确定的、模糊的情境比较难受，这是正常的。我们可以通过增强自己身上成人化的部分来降低残留的婴儿需求对我们功能的影响，从而提升自己对不确定性的容纳能力。

首先，最根本的做法就是发挥智力的作用，通过调动大脑做更多的思考，让认知更多的参与到我们的反应中，因为焦虑止于思考。发挥智力的作用能让我们积极动用现有的认知资源对不确定的事件进行客观理性的分析与判断，从而阻止自己因为一味地恐慌而导致自己丧失了基本的思维能力。

例如，我们现在面临着未知的新型冠状病毒，因为其传播的迅猛和一定程度的致命性，全世界的人类都在面临新冠带来的健康威胁。没有人能知晓这场病毒最终会把人类社会推向什么样的深渊，也没有人能保证谁一定可以幸免。所以这场病疫很大程度上激发了很多人的基本焦虑，让大家恐慌和害怕，甚至觉得难以承受。如果我们任由自己陷入这样可怕的、失控的、糟糕的体验中无法自拔，那么久而久之必定会导致身心系统的超负荷，乃至崩溃。新冠带给人类的不确定性让个体非常焦虑，那么做些什么能让我们更加容纳这个不确定的状态，让自己恢复稳定呢？我们可以阅读一些关于新冠的科学报道，从可靠的官媒而非自媒体来了解这个疾病的现状以及进展，依据自己当下所生活的社区、城市的情况来评估风险性，着手于自己可以做一些什么来降低被传染的可能性。这些学习、思考、判断、决策等认知活动有利于我们从漫无边际的恐慌体验中抽离出来，通过一些切实可行的行动来增强自己的控制感和稳定性。

其次，我们还可以通过榜样学习、强化信念等方式来增强自己与不确定性共存的能力。尽管新冠给每个人带来的风险是不一样的，没有治疗的特效药，也很难被预防，但是我们还是看到更多的人可以自愈，尤其是自身免疫力比较好的。再就是，尽管被传染的人很多，但是更多的还是没有被传染的。我们可以由此坚定一些基本的信念：越是这样的时刻越需要保持身心健康，怎么做能让自己心情放松、身体健康，那么就多采取类似的措施。退一万步，即便是不幸感染，也不代表就是死路一条，有很多可以缓解症状、自我救治的方式，最大程度的相信自己要比怀疑自己更能调动我们的免疫力。"既然别人可以通过很多良好的方式来稳定自己的生活，那我们也可以做到"，类似的自我干预和自我暗示，对我们牢固内在的信念非常重要。

　　此外，我们还可以去获取更多的社交支持。虽然新冠要求我们保持社交距离，不能集体活动，但是网络给了我们保持社交的可能。心理学和医学的很多研究都表明，孤单、孤立、人际隔离会让一个人的免疫系统受损，产生更多的身心疾病。我们的身心健康有赖于我们的社会支持系统，有赖于我们所感受到的各种关系里的爱与支持。所以，尽管这样的特殊时刻，我们没法在物理空间层面去和他人接触，但是我们可以在精神层面、情感层面、关系层面更多地去跟他人连结，表达自己对他人的关心以及接受别人对自己的关心。

　　与此同时，我们也可以做更多的自我关爱。疫情所激发的恐慌、害怕和焦虑等负面情绪体验的背后，还深藏着我们的期待、渴望和需要，我们可以做一些冥想、静坐、深度呼吸训练，或者只是静静地跟自己待一会儿，倾听自己内在的声音，像对待朋友那样来安抚和呵护自己，照顾自己。

　　我们需要相信，这场危机终将过去，我们也必将从我们的经历中有所收获和成长。

界限

界限（boundary），也称之为边界，指的是不同事物的分界。生活中处处都有界限，大到国与国之间、不同城市之间，有着自然或者人为形成的分界线，这些"界限"划分了不同政权所辖区域、领地，标示了该区域的范围；小到我们生活的空间，有固定的墙壁门窗，也有灵活的屏风窗帘等，让我们明确自己的家、空间。我们身体的边界是物理性的，看得见，摸得着。我们心理的边界是虚的，虽然看不见、摸不着，但却能被觉察到，本章节我们重点探讨的是心理层面的边界。

　　拥有边界意识在所有关系体验中都是非常重要的。好的界限既是一种保护，同时也让我们体验到了爱与自由。在孩子成长的不同阶段，家长需要调整自己的边界，知道哪些该做，哪些不该做，从而为孩子的自我发展和外部发展留有空间。

　　自我边界清楚是健康人格的最显著特征，因为它标志着一个人充分地成为了他自己，并且尊重他人的边界，乐意看到他人成为他自己。同样，对一个系统来说，清晰的界限规定了系统成员之间、子系统之间、系统与外界之间的空间距离，能在维持所有子系统相互依赖的同时，有助于保证每个子系统的自主性，是维系系统中个体或团体完整性的重要条件。

接下来，我们将从个体心理发展和家庭系统功能的角度，探讨界限对个体以及对家庭的重要性，从自我边界的发展，对个体的意义，如何更好地构建，什么是家庭界限、表现形式和功能，以及良好家庭界限的特征等方面进行阐述，希望能对大家认识和理解界限／边界这个概念有更多的帮助。

一 自我边界伴随着个体的成长不断地发展和完善

自我的本质是现代心理学最持久最难以理解的问题之一。古希腊哲学箴言"认识你自己"就是两千年以来人们对自我不懈探讨的见证。19 世纪以前主要是哲学家们在探讨自我的意义，詹姆斯（James，1890）将自我的研究真正引入心理学研究的视野，自我才开始成为心理学家关注的核心问题之一。自我是有边界的，自我边界是主观自我感的外部界限，界限之内是自我，界限之外是非我。自我相对于非我而存在，自我扩展是自我发展的关键，这个发展的过程使得自我边界发生变化，因此，人类的自我边界是伴随着个体的成长不断发展和完善的。

根据客体关系理论的观点，婴儿是在与养育者的互动关系中逐渐构建自我的。胎儿在母亲体内，他感觉到他和母亲是一体的，母亲就是他，他就是母亲的一部分。出生以后，虽然在肉体上与母亲已经分开，但在心理上仍然是连在一起的。没有母亲或母亲的替代者，他一天也活不下去。因此，从生命诞生之初到六七个月左右，婴儿和母亲处在心理共生阶段，无法区分自我和非我，认为自己和环境是一体的，也就是没有自我边界感。

大约半岁以后的婴儿，身体运动能力有了一定的发展，他们不再满足于仅仅躺着，开始学习坐着、翻滚、匍匐、爬，婴儿有了移动自己身体的能力，手脚配合去努力探索目之所及的环境里各种感兴趣的东西。这种转变意味着宝宝内在有了更强的整合感，与此相伴随的还有对自体和他人的感受。逐渐长大的婴儿开始喜欢跟大人做"躲起来—出现"这类游戏，并逐渐与母亲构建深厚的依恋关系。如果养育环境一切顺利，婴儿有机会在一个可依赖的、可信任的、充满爱的环境下成长，那么安全型依恋关系的建立有助于婴儿将自己的注意力转向探索周围的环境，喜欢以母亲为中心爬出去爬回来，在这个探索的过程中，逐渐将自己和母亲以及环境分开，自我边界开始萌芽。

1岁左右的孩子开始进入学步期，大概持续两年，到3岁左右。学步期儿童也称为幼儿，这个阶段的孩子独立自主的意识和能力显著增强，但依然需要来自母亲和其他养育者悉心的照料。学步期儿童一个重要的心理发展任务是"建立起分离和个体化的感受"。这个阶段的孩子更加独立，也更加个体化，表现出更清晰的个人人格。通过更加稳健的独立行走能力，孩子开始创造并享受跟母亲之间的距离，尤其是"藏猫猫""跑开很远又回来"这样的以重聚为主题的游戏，这种距离使孩子们感到自己正在从身体上远离与母亲的联合体，但又不会失去母亲。

学步期儿童的自我意识进一步萌芽和发展，很明显的标志就是经常说"不"，与此同时，孩子也认识到世界并不依照自己的意志运转，自己关心的事情和身边养育者关心的事情并不一样，他们将自我和非我进一步区分开，自我边界开始形成，并在随后的成长过程中进一步得到巩固和恒定的发展。

由此我们可以看出，幼儿阶段是自我边界发展的关键时期，如果儿童在这个阶段能顺利建立起"分离和个体化"的感受，确立自体感，并获得对自己身体的所有权，感受到自己拥有身体并活在身体里，这就帮助儿童形成了以身体为界的边界意识，并在以后的成长中，逐渐过渡到抽象自我边界。

二　清晰而有弹性的边界是健康人格的特征

前文说了，**自我边界清楚是健康人格的最显著特征，这意味着你可以成为你自己，也允许别人成为他自己。**每个生命来到世界上都有一个重要的潜在使命：成为自己。没有能力活出自我，或者不能活出自我会让个体备感痛苦，丧失活着的希望和存在感，带来各种各样的心理问题和精神问题。自我边界为个体内在自我的发展提供了安全和独立的空间，清晰而有弹性的边界为个体与他人、环境的互动提供了保障，允许个体在舒适的范围内通过灵活调整自己的边界来接受或者拒绝，实现共赢的人际相处，能在享受个体独立、自由的同时，也能享受关系带给自己的亲密和连结。

当我们的自我边界没有建立起来，或者太过模糊不够清晰，或者过于僵硬时，可能给我们的自我、关系、生活带来各种影响，甚至是伤害。模糊不清晰的自我边界容易让个体分不清自己和他人，一方面容易将属于自己的内在感受蔓延出去给别人，认为别人应该为自己负责；另一方面自己也容易受到别人和环境的影响，将不属于自己的情绪体验纳入成为自己的一部分，造成一些没有必要的自我扰动。

人际关系中的很多纠缠和冲突，跟个体的边界有着千丝万缕的关联。有些时候，心理边界的问题还在于太过清晰，清晰到绝对化，没有任何灵活和弹性的空间，我们称之为"僵硬的自我边界"。其本质是模糊边界的反向形成，即这种僵硬的本质也是因为模糊，因为担心模糊带来问题，所以干脆用与之相反的应对方式"一刀切"地处理所有问题。不能灵活调整的原因在于个体自身很难充分利用自己的心智去因地制宜地处理问题，过度担心自我因为不够坚定而被消融，所以僵硬地维持。

下面，我们通过一些生活中常见的事例来感受心理边界不清的各种表现和问题。

虽然童年早期心理边界是从身体边界的确立开始的，但是成人后，我们心理边界不清有些时候会通过身体边界不清来呈现。例如，有些人在公共场合空间很大的情况下还会贴着人排队，跟人讲话的时候距离太近，在狭小的空间非常大声地讲话，这些身体的、声音的扩张都让身边的其他人感受到不舒服，甚至有被侵犯的感觉。当一个人对自己的身体边界不敏感的时候，对他人的身体边界也不是很在意。

当然，这些人可能并没有恶意，有时候，他们明明不是很熟悉，但是却非常热情地与你勾肩搭背，虽然略有不适，却会让你觉得有些温暖。

有时候，自我边界不清也会表现在行为举止上。合住的关系里，成员对公共空间的使用以及对他人空间的尊重都在某种程度上能体现一个人的边界程度。例如，宿舍里总有一些人喜欢用他人的热水瓶，同一屋檐下互相帮助是应该的，但是屡次发生就会让人感觉这类人没有"把自己当外人"，认为"你的就是我的"。如果这个原则是关系双方都默认和允许的，那么没有问题，但如果是单方面的想当然，自以为是，那就是一种边界不清的表现。

有些人喜欢在公共空间堆满自己的东西，也会给其他人带来"越界"的感觉。因为私人物品在某种程度上代表了个人，过度地将私人物品的物理边界扩展，一方面是让自己的个体部分暴露得更多，另一方面也让其他人有边界被挤压的感觉。比如，跟你关系不亲密的人突然向你倾诉了很多个人秘密，往往会让你无法自处，关系的边界被秘密拓展了，但是你还没有做好融合的准备，因而会让你感觉到负担和失衡，尤其是讲述秘密的一方还因此想当然地认为因为秘密共享，关系就自然亲近了，这会让倾听秘密的那一方更加茫然失措。

职场上也会有边界不清的表现，例如，一些公司因为制度不到位而产生各种问题，这可能是制度制定者自身边界不清的投射，因为不合理的制度本身就容易造成管理和员工的各种问题。制度清晰的情况下，某些职员依然很频繁地跟其他职员发生冲突，可能就需要考虑自我边界的问题。自我边界不清容易让个体在面对问题时模糊情绪和理智，模糊想象和事实，模糊自己和他人，导致不能客观理性地看问题，并且对他人有超越边界的不合理期待，期待的落空会进一步加剧人际冲突。

职场简单来讲就是工作的地方，更强调个体的认知思维能力、问题解决能力、决策判断能力，虽然有人的地方就需要兼顾情感和关系，但更需要个体用成熟和成人的态度去面对工作。如果个体对职场投射了太多的情感需求，渴望将同事关系发展成亲人、朋友、家人等，这就是对不同类别的关系边界不清的一种表现，也势必会带来一些相处问题和期待落空问题。这也是为什么一些企业有类似不主张办公室恋情、同一部门尽量回避亲属关系等职场规定的原因。

家庭中有更多跟边界相关的表现和话题，我们放在后面的内容单独讲解。简单来说，当个体跟边界不清晰的人来往时，经常会觉得忽冷忽热，或者关系模糊不清，关系的进展往往没有建构在循序渐进的共同经历上，没有给人非常踏实、稳妥的感觉，虽然亲密，但是有纠缠和控制的感觉，这让关系中的个体非常疲惫，甚至久而久之对自己也产生了相当的困惑。

如果自己在人际交往中，不管是亲密关系还是普通的人际关系，总是经常体验到期待落空，或者很想依赖对方却总是感受到对方的疏离，或总是觉得自己跟谁在一起都有"热脸贴上冷屁股"的感觉，经常因为对方的反应而受伤，那么个体需要觉察一下自己的边界，是不是太过模糊导致他人的刻意回避。

　　跟边界模糊对应的另一种边界不良是边界僵硬。有些人的边界问题不是不清楚，而是太过清晰，太强调自我和非我，对边界的感受非常敏感甚至有点反应过度。生活中常见的表现之一就是喜欢抬杠，俗称"杠精"——很难认同别人的观点，任何观点都去反驳，甚至为了反驳而反驳，似乎通过反驳更能显示出自己与众不同。这种对自我的过度强调是一种自我不稳定的反向形成[1]，也就是自我是不稳定的，很容易被他人影响和改变，个体不愿意承认或者非常担心别人影响自己，于是就刻意地拒绝他人的观点，拒绝改变自己，不管是否必要。

　　判断行为是否有反向形成的一个方式就是：一切在程度上有些过度的东西，本质上都有可能是它的反面。边界僵硬的另一个表现就是不够灵活，"一刀切"地处理问题，不能弹性地区别对待，这类人给人的感觉比较死板、机械，本质上也是因为界限不够清晰，无法动用内在智慧去判断和创新解决方法，又很担心被外部影响失去自我，只能用重复、固有的方法来维持自己的边界感。

三　如何确立自我边界

　　正如前文所言，自我边界的产生是从个体生命发展非常早期的阶

---

[1] 反向形成是精神分析理论中的一个概念，是自我防御机制的一种，指的是把无意识之中不能被接受的欲望和冲动转化为意识中的相反行为，例如，人有时心中讨厌或憎恨一个人，但在表面上却对此人十分热情和关心，或者有时心里喜欢一个人，表面上却异常冷淡。

段开始的，并且随着个体的成长和发展，逐渐稳定和确立。身为父母，如果在养育孩子的过程中，能带着边界意识，有意识地尊重孩子的边界，认识到孩子逐渐发展的自我意识对未来成年的巨大意义，就能促进孩子自我边界的发展。反之，如果父母自身的边界有问题，没有觉察、反思和调整，在养育孩子的过程中，对处在不同心理发展阶段的孩子的自我边界有过度的侵入，那么可能会造成孩子边界的模糊或者僵硬，更严重的可能会阻碍孩子的自我发展、独立和完整性，以至于孩子在成年后无法像成人一样履行自我的各种功能。

接下来我们分别从父母养育的角度和个体自身的角度谈一谈如何更好地确立和发展边界。

1 从心理发展的阶段来看边界确立——养育者如何做

我们多次在不同的章节提到了儿童心理发展不同阶段的心理发展任务、儿童知情意行方面的表现、对父母和环境的需要，因为本书聚焦的是父母养育"元能力"而不是儿童心理发展，因此，并没有从发展心理学的角度全面论述儿童的心理发展过程和特点，而仅仅是从本书着重强调的几个方面进行梳理。前面章节我们先后从沟通（儿童言语发展）、情绪（儿童情绪情感发展）、容纳（儿童关系体验）的角度对婴儿、幼儿、学龄前、小学、中学等阶段孩子的情况做了相应的介绍，本章我们将延续这种年龄划分从自我边界（儿童自我发展）这个角度来谈谈儿童心理发展的不同阶段，父母如何做能更好地促进个体自我边界的确立和发展。

我们再次强调一个非常重要的养育原则就是：**要依据孩子的发展水平来提供相应的照顾程度。**下面提到的一些年龄阶段，并不是非常严格的年龄标准，而是一个大约的平均水平，每个孩子会有自己或快或慢的生长节奏，也不尽然将所有的阶段都完整地体验，家长们不要太纠结速度或者早晚的问题，而要更多的利用这些内容去理解正在进行的养育过程，促进自己对孩子发展过程的认识和接纳，根据自己的资源和能力，努力和尽力就好，不管是对自己还是对孩子，都无需太强求和苛责。

（1）婴儿阶段（0~1 岁）。

对于 0~6 个月的婴儿来说，心理发展处于和母亲共生的阶段，还没有所谓的自我边界，并且认为母亲、环境都是自己的一部分，世界是完全以自己为中心的。这种"宝宝陛下"的全能感对婴儿发展自我感非常重要，是"宝宝感到自信"的良好自我体验的起点。这个时期养育的重要原则就是母亲全身心地去关注小婴儿，回应婴儿的需求，依据内在的母亲本能去照料和爱，父亲则是尽可能地为处在共生阶段的母婴创设安全、信任、温暖的环境，让母亲在足够舒适和支持的身心状态下心无旁骛地照料婴儿。

大约 6 个月左右，也可能更早一点或者更晚一点，婴儿在与母亲的互动中逐渐感受到，妈妈好像不完全受自己控制，跟自己的思维、感受和需要不完全一致。通过观察 6~12 个月婴儿喜欢玩耍的方式，我们会看到，他们喜欢把手里的玩具扔给大人，或捡起玩具，丢出去，也喜欢跟大人一起玩"躲猫猫"——藏起来又出现的游戏。婴儿通过这些游戏探索来和去，在和不在，我和非我，以及所有这些两极之间的内容。借助于玩具和游戏，婴儿逐渐在我和他人之间创设了一个"过渡空间"，用来存放想象和幻想以及探索自己不明白的成人世界。这个部分对婴儿的心理发展非常重要，养育者在这个阶段需要给婴儿提供抱持的空间，去促进而不是侵犯和破坏这个"过渡空间"。

　　具体来说，父母在陪伴婴儿游戏和玩乐的时候，更多的是支持性的角色，给予婴儿自己探索和尝试的空间，而不是一味地主导和控制；允许婴儿按照自己的方式和喜好去游戏，而不是遵循父母的指令和安排。例如，有些小宝宝非常喜欢将某个玩具重复地扔出去、捡回来，能玩很久。父母在这个时候去关注、欣赏，做必要的安全防护就够了。但是有的父母会不满足，认为这样是浪费时间，没意思，因而会强迫婴儿拿不同的玩具，或者把婴儿抱起来做别的、父母认为更有意义的事情。这些行为在某种意义上就是一种"侵犯"，带给孩子的感受就是不能按照自己的感觉和意志去完成自己的想法，被外界不断地打断和切换做其他不属于自己内部需要而是需要外部引导的事情，如果在养育中总是重复类似的行为则不利于孩子自我边界的确立。

生 活 小 剧 场

TD 宝宝 10 个月了，能稳坐在床上摸玩眼前感兴趣的玩具，也能根据自己的需要爬出去触碰远处的东西，这种自己随时可以爬坐的感觉让 TD 非常开心。

妈妈周日休息，陪着 TD 一起玩，大概是觉得 TD 自己无声地摸着玩具凝视，扔出去又爬着拿回来这样反复了十几分钟太无聊，妈妈拿过来几本书，希望能带着 TD 一起看书"学习"。

TD 显然也被书上的图片吸引了，她主动摸着书，放在嘴巴里撕咬，反复了几次，开始用手撕扯。在这个过程中，妈妈一直在阻止她："书是看的，不是吃的，书这样会撕坏掉，你再这样不让你碰了……"显然，这些话对 TD 没有什么意义，但是她主动探索"书本"的过程被影响了，她开始继续玩自己眼前的玩具。

其实很小的婴儿就能在重复活动中体验到一种掌控感，这种掌控感对婴儿确认自己的存在和感受自己的运动能力有非常积极的意义，这种愈加熟练的掌控感也会给婴儿带来很多的安全感，让婴儿放松的同时也很快乐。在快乐的重复中，婴儿更加自信，并开始升级重复的难度，加入一些新的元素，我们可以理解为婴儿开始探索，这个新的探索过程会伴随着对过去熟悉活动的重复也有新元素的纳入。如果我们成人有耐心地观察婴儿自主活动，就能看到这些"学习"在很自然地发生，成人的任务非常简单，就是提供一些对婴儿来说安全的材料，然后确保婴儿探索范围内的安全，例如，不会掉下床，或者进入一些有电线和刀具的地方。

　　妈妈没有放弃，继续想带着 TD"学习"，再次把 TD 放在自己面前，用腿圈住 TD，然后拿起一本书，大声地读给 TD 听。"这是西瓜，这是萝卜，这是玉米，来，我们认识一下……"如此反复了几次，妈妈试图说出西瓜，让 TD 指出来，TD 显然不清楚妈妈在做什么，她在用自己的方式去感受不同的图片，拿起来放下，扔出去捡回来，反过来看到图，正过来看到字，重复。妈妈打断 TD 的方式，坚持自己的方式，大约十分钟后决定放弃，沮丧地用开玩笑的口吻说："哎呀，你这个不爱学习的小臭蛋！"然后把图片书拿走了，给 TD 摆出来新的玩具。TD 对图片书的探索被破坏了，又开始面对一些新鲜的内容。看了一会，TD 爬过去找自己看图画书之前正在玩的玩具，妈妈迅速地拿走了，再次把新玩具推到 TD 面前，"宝贝，跟妈妈一起玩新的玩具吧，别总是玩那几个，多没意思……"

我相信上述的情景对很多新手妈妈来说并不陌生，自己或许家人都曾在陪伴婴儿的时候做过很多类似的事情。我们成人常常自以为是地用自己的标准去对婴儿做一些"有意义"的事情，有些时候，恰恰相反，我们无意中破坏了婴儿天然的、本能的、自主的学习能力，破坏了他们的专注力，这种破坏久而久之也会造成对婴儿"自我边界"的入侵。如果婴儿持久地在这样的环境下，会感受到自己没办法左右和控制，边界感就会延迟发展或损坏。

（2）幼儿阶段（1~3 岁）。

1 岁后的宝宝开始进入学步期，这个阶段大约持续到 3 岁左右。学步期儿童也称之为幼儿，这个阶段的孩子在大脑、身体、运动、语言、情绪、个性、社会性等各个方面都有长足的发展，最明显的标志就是自我意识的萌芽。幼儿已经非常清晰地认识到，妈妈跟自己不是一回事，外部世界跟自己也不是一回事，尽管他们开始有了"他人"的概念，但是依然非常以自我为中心。这一阶段是自我边界确立和发展的非常重要的时期，幼儿需要在一系列可以理解并遵守的规则中探索自己和他人的边界，并最终明白一件事：这个世界不是以自己为中心的，但是在这个世界上也有自己的一方寸土和一席之地。

物品有时候是个体自我的一种象征，我们常常通过自己拥有某物来提升自我良好的感觉，也会因为自己的东西被他人所动而感受到自我被冒犯。2 岁多的幼儿开始有了物权意识，他们通过物品所有感来建立自我，这部分会贯穿整个儿童期并延续到成人世界。个体只有充分地感受到"自己拥有"才能为后期"分享他人"奠定基础。

家长让 2~3 岁的宝宝学会分享是不现实的，因为真正的分享只能建立在"我拥有，我愿意"的基础上，否则所谓的"分享行为"可能只是孩子没有物权意识或者被动迎合大人的表现。我们可以鼓励幼儿在公共空间学习"轮流"这个游戏规则，让他们意识到公共空间里有些东西"不是自己的"，因此不能拿走，需要跟其他孩子一起共享使用。但与此同时，家长也需要尊重幼儿在私人空间里对自己的玩具和东西的"绝对拥有感"以及"拒绝分享"的权利。

生活中我们常常看到一些大人为了自己的面子，强迫孩子分享自己心爱的玩具，也许有的玩具在大人眼里并不值钱，也没什么大不了的，但是对孩子来说，珍贵与否可能跟价格没有关系，跟"当下是属于自己的"这种物权感有关。如果大人没有经过孩子的同意，或者没用孩子能理解的方式去鼓励和协商，而是非常简单粗暴地逼迫孩子分享，或因此指责和羞辱孩子"小气"，这些方式都非常不利于孩子自我边界意识的确立和发展。孩子从小就会感受到，自己对喜欢的东西没有拥有权，这些东西可能随时会被别人拿走，自己没有力量去守护，拒绝是没有作用的。物权被破坏的影响也会扩展到自我层面，慢慢地从"不用拥有"转向"不配拥有"，家长简单粗暴的方式也会让孩子感受到，只有认同大人的"摆布"和压抑自己的感受才能减少冲突，更好地存活，这些都会模糊幼儿的自我感。

除了上述物品所有权，这个阶段的养育还需要重视幼儿的身体所有权，即个体能感受到自己拥有身体，并活在身体里，这一点很重要。尽管幼儿在很多方面依然需要家长悉心的照料，但是家长需要意识到让幼儿逐渐获得对自己身体的掌控能力是非常重要的，而不应继续像照顾婴儿那样大包大揽。

身体所有权在亲子关系中最明显的两个场所——入厕和进食，往往也是诱发亲子冲突的主要场所。家长需要避免采用控制和强迫的方式，尤其是不要用非常刻板和强势的方式逼迫孩子在规定的时间大小便或者必须吃什么或不吃什么。这种高高在上操控的态度很容易激发幼儿的无意识阻抗，用更漫长的尿床或者挑食等行为来阻抗家长对自己身体的控制。

强势的对抗和控制并不能帮助幼儿好好地体验拥有自己身体的感觉。比较好的方式是父母鼓励幼儿加入到对身体的感受中，逐渐把身体的所有权交给孩子，以便幼儿最终拥有自己的身体。

在幼儿期这个自我意识萌芽的关键阶段，家长对待孩子的方式极为重要。我们既要避免过度强势，要求孩子活成听话的木偶，也要避免过度溺爱，纵容孩子像婴儿那样活在"宝宝陛下"的虚妄之中。适当的规则建立是必要的，大人要有对这个年龄阶段孩子说"不"的能力。我们会发现学步期儿童处在非常喜欢说"不"的阶段，因为自我意识的进一步萌芽和发展，他们不想顺从并坚持认为自己能够做某事，当他们发现自己实际上做不到时，会感受到巨大的挫折。孩子的"不"会激发养育者进一步说"不"，这种"不，不，不"的恶性循环可能给亲密无间的亲子关系带来更大的挑战。

逐渐成长的儿童世界里需要一些必要的限制和规则，这样有利于孩子规避危险，学会管理自己的行为，为未来的社会化做准备。孩子的本能是享受脏乱、无序的玩耍，而家长的规则和拒绝会让这种享乐受到威胁，因此这种互动必然包含冲突。父母需要明确自己的任务是保护孩子，帮助孩子发展出内在的自我控制，完成这个任务的方式是非常重要的。

来自心理学的观点认为，如果家长在拒绝孩子的时候不是愤怒的、失控的，而是充满理解和爱意的，那么这个"不"就是成功的，不仅能帮助孩子建立起自我控制和秩序感，还能帮助孩子整合心中强烈的对立的感受——爱与恨。当爱占据主导的时候，恨意和攻击性是有机会被整合的。孩子被拒绝了当然沮丧和生气，但是如果他是在父母充满爱、支持和帮助的环境里，就能理解他被拒绝的是这个行为或者具体的事情，而不是他这个人。例如，"我们现在没有时间做这件事，现在不行，需要立刻回家"，如果父母拒绝的方式是爱护的，语调是温和且充满爱意的，这种"不"可以推动孩子"关怀和理解他人"能力的发展。

综上所述，对学步期的幼儿来说，他们需要在持续获得大人照顾和支持的同时，逐渐了解一些规则和限制，体验到适度的挫折和被大人拒绝，并在充满爱意的方式里借助于"身外之物"感受到自己和他人之间的界限。如果儿童在3岁左右能建立起基本的自我意识感，对规则和限制有一定的接触和认识，那将会非常有助于儿童进入下一个阶段——学龄前期（3~6岁）。这个阶段对儿童的社会化发展非常重要，幼儿园成为儿童离开家后第一个真正意义上的社交场所，养育关系从母婴二元开始向三元转化，父亲承担起更加重要的角色和意义，界限作为个体和系统的重要元素开始发挥更加重要的作用。

生 活 小 剧 场

HH 2 岁半，对糖果、巧克力和曲奇之类的甜品非常喜欢，考虑到饮食健康和牙齿保健，妈妈用商议的方式跟 HH 达成约定，每天可以吃，但是一次不能吃太多，饭前半小时和睡前刷牙后不吃甜食，其他时间想吃的时候，可以吃一点但是需要及时喝水漱口。

2 岁的幼儿开始有了自主意识，对很多事情有自己的想法，这个部分是需要被尊重和理解的，这有助于幼儿自我边界的确立和发展。但与此同时，幼儿也需要知道，自己的想法和愿望不会无限被满足，不然幼儿会持久地停留在婴儿期"宝宝陛下"的自我中心里，也不利于幼儿心智发展。

虽然让 2 岁半的幼儿遵守约定是非常困难的事情，因为成人也不见得都能说到做到，但是这个阶段，成人的一个非常重要的功能就是努力成为孩子的榜样，然后用幼儿能接受的、温和又坚定的方式推进对规则的体验以及形成规则感。这个过程中非常重要的是要展示出规则的存在，但是也要考虑幼儿的心智水平，尽量能灵活、弹性、耐心和温和地推进。

　　某天晚饭后，HH偶然看到了柜子里新买回的巧克力，非常渴望尝一尝，尽管已经快睡觉了，但是考虑到HH还没有刷牙，而且吃一点似乎影响也不是很大，妈妈就同意了，但是跟HH约定好了就吃一颗，如果还想吃可以明天吃。HH吃完了一颗，当然很希望继续吃，于是又开始磨人，妈妈温和地告诉他，不可以再吃了，说好了的。HH立刻号啕大哭，坚持要继续吃。妈妈不为所动，没有同意也没有发脾气，只是耐心地反馈："宝宝，妈妈知道你很想吃，也知道这个很好吃，但是今天太晚了，不吃了。"

　　HH的情绪继续升级，不仅哭闹，还撕扯，企图强行吃巧克力，这个时候奶奶过来想帮忙通融，觉得就多吃一颗不碍事，而且刚吃了晚饭这么哭闹对身体不好，也不利于待会儿睡觉。妈妈及时制止了奶奶，希望她不要参与这件事，继续不为所动地用略微坚定但非斥责的口吻告诉HH："如果你继续这么哭闹和撕扯，整盒巧克力都会被拿走，后面没有机会再吃了。好好表达，才有商量的余地！"

　　注意，这里有个非常重要的教育原理，行为主义的"奖惩原则"。我相信很多家长都听说过，奖励适宜行为，惩罚或者忽视不适宜行为，都能达成塑造良好行为习惯的目的。但是很多家长执行下来都觉得不管用，小孩子软硬不吃。原因就在于很多时候是家长自身的执行力问题以及没有学到"奖惩"的本质，起到了反效果。欲求不满或者受阻，孩子情绪会升级然后行为失控，这是孩子的自然反应，在各个年龄段都有发生。假如家长因为孩子的哭闹以及情绪行为升级，就服软就范了，不管事后再怎么讲道理和教育以及承诺或约定，其实都给孩子无形中传递了这样一个信息：只要足够闹腾，规则和底线就会被突破。所以，长此以往，孩子不仅不会收敛，反而会变本加厉地通过哭闹实现自己的愿望。

我们可以细致地看一看这里面的机制到底是怎么回事。孩子哭闹（这是一个不适宜行为，应该是需要忽视或者惩罚的，研究表明，忽视的效果更好，惩罚容易造成关系破裂、适应化以及日后手段的升级，不到万不得已不用），这时候无动于衷就是一种忽视，冷处理。更友好的方式是配合共情，语气温和但是态度坚定。如果家长因为公共环境下面子挂不住、面对哭闹的承受力不足、过于心软、应对策略有限等问题而让步，那么这个让步恰恰是对哭闹行为的正强化，也就是让孩子认识到哭闹是有用的。下一次，同等强度的哭闹没产生效果，孩子会升级哭闹，家长的底线再一次被突破，继续妥协，那么又一次对"哭闹有用"这种想法进行了正强化，结果就导致了哭闹愈演愈烈。

HH 辨识出妈妈严肃和坚定的态度，哭闹有减弱的趋势，依然拖着哭腔："不要拿走，要吃，我想吃……"

　　妈妈把巧克力放在桌子上，环抱着 HH，任由他伤心地哭一会儿，轻抚他的后背，抚摸他的头，整个过程没有说教也没有继续巧克力的话题，只是提供充满爱意的行为安抚。

　　等 HH 情绪稳定点后，HH 继续表达："我真的很想吃，我看见就想吃。"

　　妈妈点点头，理解地回应："妈妈知道，巧克力很好吃，你很想多吃点。但是今天已经很晚了，你晚餐吃了很多，待会儿就该睡觉了。刚刚非常想吃你也吃了一颗，剩下还有很多，咱们可以留着明天吃。你很喜欢的话，吃完了我们还可以继续买。"

　　HH 点点头，依然委屈地说："可是我现在看着它就好想吃呀……"

　　妈妈想了想，这的确是个难题。妈妈决定邀请 HH 一起来看该怎么解决。妈妈非常真诚地问 HH："看到了就想吃，这个的确很难，妈妈也不知道该怎么办，你有什么好的办法吗？"

　　HH 的注意力被转移到想办法，立刻不哭了，两眼放光："让我看不见就好了！看不见就不想吃了！"

　　妈妈赞许地笑了："那你找一个你看不见的地方吧，这样你想吃的时候还可以找出来。"

　　HH 非常开心地开始找地方，环顾四周，最后说："不如放在高高的柜子上吧，我只有爬上去才能看见，想吃的时候妈妈给我拿！"

妈妈觉得这个地方非常好，跟 HH 一起，小心翼翼地将巧克力放在高柜子里。HH 看上去依然有点失落，妈妈紧紧地拥抱了 HH，一方面对他遵守约定表达了高度的认可，另一方面对他机智的解决方法给予大力的肯定，同时非常感同身受地表示巧克力真的好好吃，以后想吃的时候早点安排吧！

在上述的故事中，我们可以看到家长如何对适宜行为进行及时的强化以及全过程共情，同时认识到一个非常重要的理念：家长对孩子进行及时的共情跟坚守原则、坚定地执行行为规范是不冲突的，这就是我们常说的"温柔而坚定"。

家长想通过行为主义的一些原则塑造孩子的良好行为时，需要非常敏锐地识别一些积极改变的信号，及时地通过肯定、赞赏等方式进行强化。例如孩子今天自己主动写了作业，或者孩子热心地参与家务，尽管作业有很多错误，家务过程也带来了很多麻烦，我们要区分动机和行为后果，对动机进行充分的肯定，对行为后果给予合理的建议。

家长要相信并理解孩子的初心，伴随对孩子心理和情感的共情，在原则和行为层面坚定，尽量邀请孩子一起参与到问题解决的过程中。家长需要有权威但不专制和控制，孩子能感受到家长坚定的力量而不是出于恐惧的敬畏。

（3）学龄前阶段（3~6岁）。

学龄前儿童开始进入幼儿园，这意味着离开父母和家庭，与陌生的老师和其他小朋友开始体验集体生活。这种分离可能促使儿童退行，产生像一两岁时经常出现的"分离焦虑"，因此我们经常在幼儿园小班开学后的前几周看到各种"撕心裂肺"大哭的离别场面。有些幼儿园会通过设置父母陪伴、半天体验、随身携带心爱的玩具等各种形式来帮助儿童渐进适应这个分离的过程，适应在幼儿园的全天集体生活，这些对学龄前儿童来说都非常重要。他们需要被成人理解分离过程中伴随的焦虑、害怕、不舍和依恋，也需要在成人的支持和鼓励下去体验更加独立带来的新奇和乐趣。

与家人以外的人构建新的人际关系体验也丰富了儿童的内在感受，孩子在感受到新的归属感的同时也在体验能够做自己的个体感，在这个阶段孩子会发展出道德感、共情、内疚等复杂的情感体验，他们既作为个体发展着，也逐渐成长为群体中的成员。因此，在这个阶段，儿童学习到什么可以做，什么不可以，什么是对的，什么是错的，这些都非常重要。这些初期的人际规则和体验为成人后人际交往中的界限提供了早期经验，儿童在这个逐渐社会化的过程中，也更加认识到自己的需要和愿望，感受到自己的边界。

儿童在这个阶段建立关系、探索现实、发展身心的主要途径就是游戏。这里的游戏指的是 play，动词，玩耍，自由玩乐的过程；不是

game，名词，带有输赢竞争的结构化活动。游戏是儿童的普遍状态，根植在原始的创造力和想象力中，是结合内心对所经历现实的表征和加工，通过讲故事、角色扮演、身体活动、幻想等各种形式表现，反应了儿童象征化的能力，是快乐的源泉。

孩子游戏的时候，身边成人的角色和状态是非常重要的，最好的情况是成人能够促进孩子的想象力而不是指导，遵循孩子的节奏以及意愿去参与到孩子的游戏里。伴随着成人的支持（而不是压力），这种象征化的能力可以被转化成"工作"。玩耍的孩子们会发展出坚毅力，他们也能从最终成果中得到满足、乐趣和自尊。这些都是有助于儿童后续发展的重要财富。

父母可以鼓励孩子用语言将自己在游戏中的体验、感受、困惑、规则碰撞、人际冲突等各种事情表达出来，一方面促进孩子对自身体验的界定，另一方面也有利于帮助孩子学会用言语化而非身体化或者行动化的方式表达自己的情绪体验，增加了协商、理解和解决问题的可能性，这也是建立良好自尊、感受自我边界的有效途径。

生 活 小 剧 场

HH 3 岁半，9 月份就要上幼儿园了，暑假里，妈妈陪着 HH 玩模拟幼儿园入园的游戏。背上小书包，将卧室的门当作幼儿园的大门,一晚上进进出出很多次:"妈妈拜拜!我去幼儿园啦,你去上班吧。到点了,妈妈来接我吧,拜拜。"

妈妈带着 HH 一起阅读《幼儿园的一天》《我的幼儿园》《我要去幼儿园啦》等类似的绘本,将幼儿园发给家长的一日安排耐心地解释给 HH 听,一起用游戏的方式模拟幼儿园一日活动。

进园,问安,早餐,户外活动,午餐,午睡,叫醒,餐点,看书,做游戏,晚餐,接园。

来来回回 N 多遍。

HH 不时地发出灵魂考问:周末幼儿园开门吗?晚上幼儿园开门吗?

除此之外,HH 还编入自己感兴趣的新话题。

"妈妈,你问我今天幼儿园干吗了。"(看来只模拟程序不过瘾,内容也要一起体验)

"HH,今天幼儿园干吗啦?"

"妈妈,我今天打架了!"(妈妈着实吓了一跳,小孩子的内心果然跟成人相差好远,家长满心期待学习、玩耍、交朋友,但是小孩子可能担心的是抢玩具、打架、想妈妈!)

"哇,发生了什么事情呢?"(比起马上进行批评教育,先搞清楚发生了什么事情其实更重要,也更有意义)

"我跟小朋友抢玩具了。"(哈哈,果然……不过,好像这也非常正常，正值物权意识的敏感期，哪里有不抢玩具的小朋友呢？HH 是不是想将担心的坏事情提前说出来，以便更加轻松呢？）

"哦，老师知道吗？"（同样，比起说教，搞清楚现实的情况对家长来说更重要，这个话题也是小朋友愿意去表达和交流的内容。）

"不知道，没有告诉老师。"（还没有去幼儿园，就知道有些事情，大人不知道是可以的。这些鬼灵精怪的心思呀，不玩游戏还看不出来呢！）

"哦，那你和小朋友哭了吗？"（比起急于说教，关心孩子的感受更能让孩子感受到父母对他们的爱以及关心。）

"没有，我们和好了，一起睡觉了。"（啊，原来小朋友的世界如此简单呀，我们大人的内心戏是不是太多了？孩子有足够的智慧和方法去解决他们之间的问题。这些台词完全都是独创啊，3 岁半的小孩子怎么这么厉害呢！）

"原来这样啊，那你们下次别抢了好不好？"（既然戏码是和好了，也就不打算长篇大论的教育了，但还是给一个建设性的意见吧！）

"好的，放心吧！"（信任是家长能给孩子最好的礼物。）

生 活 小 剧 场

HH 4 岁半了，因为不喜欢淋浴的触感，依旧要求用洗澡盆坐浴。姥姥跟 HH 商量，"天热了，你也长大了，可以不用澡盆了，用淋浴吧！"为此还专门给他看了家族里其他同龄的小朋友用淋浴洗澡的视频。

姥姥："HH 今晚也不用盆了，好不好？"

HH："不好。"

姥姥："为什么不好？你看 XXX 都这样了。"

HH："XXX 可以，但 HH 不想这样！"

姥姥："你长大了，可以这样了。"

HH："还没有长大，过两天吧。"

这时候，爸爸在旁边插话："HH 你看，爸爸每天也都是这样洗的。"

HH 淡定地回应："爸爸是大男生！等我像爸爸那么大，也可以！"

如果我们愿意足够耐心地去和孩子交流，倾听孩子内心的想法，我们会欣喜地发现，即使是四岁的孩子也有能力去界定自己的边界，想做什么，不想做什么，区分得很清楚。拒绝本身就是守护边界的表现。

生活小剧场

HH 5 岁，某天家里准备吃饭了，HH 还在玩玩具。

爸爸催他："HH 吃饭啦。"

HH："你们先吃，我不饿。"

爸爸："快下来吃饭，不然待会儿不带你出去玩啦。"

HH："你又给我提要求！"

爸爸一时语塞："你快下来吃，待会儿我陪你玩。"

HH："不用，我自己玩一会儿。"

爸爸："那你可以自己玩，对吧，回头别总叫我们陪你。"

HH："这次可以，以后再说。"

爸爸："那你现在来吃饭，我陪你玩。"

HH："你又提要求。"

爸爸："你不是也经常对我提要求吗？"

HH："我没有！"

妈妈边思考父子对话，边解释给爸爸听：的确，生活中都是我们在管 HH，对他的生活给予这样那样的建议和要求，而他，很少管我们。所以他觉得，这种管就是要求。

爸爸琢磨了一下觉得有道理，改口："HH，爸爸邀请你一起吃饭喽，你坐在我对面，我吃得比较开心。"

HH 从房间里走出来："那你等一下，我洗了手马上来。"然后自言自语："这么大，吃饭还让人陪……"

（4）小学阶段（6~12岁）。

处于小学阶段的儿童，在依赖和独立之间已经达到了一定程度的平衡，主要的发展任务就是积极投入学校生活，在课业学习、兴趣探索、朋友社团中感受和学习更复杂的人际体验，容忍分享、竞争、承担一定的责任并参与各种活动。

作为父母，要支持孩子进一步独立能力的锻炼，例如穿衣服、洗漱、收拾自己的房间、管理和支配少量的零花钱；能够容忍家庭在孩子的生活中逐渐退居二线，以开放和信任的态度鼓励孩子拓展自己的社交范围，例如尊重孩子对学校、老师、同学的认识和态度，尊重孩子选择和交朋友的尝试；愿意倾听和陪伴孩子探讨关于规则、公平和自我控制方面的困惑，而不仅仅是输入和强制执行父母的价值观，例如当孩子在学业或者友谊中遭遇了困难，家长很重要的任务是在理解孩子情感的同时一起探讨，而不是冲到前面去自行解决；允许孩子拥有自己喜欢和崇拜的偶像以及收集各种物品的嗜好；理解孩子在这个时期渴望拥有独立、属于自己世界的需要，对他们明确表达不想被干涉和打扰的空间保持距离，不以身份的权威来突破孩子设置的界限，不用强势和控制的态度去左右孩子的想法。

这个阶段的家长要充分认识到，孩子需要时间去投入到自己的体验中，去尝试，从而形成更强的自我意识，父母的过度参与或放纵可能会剥夺孩子的能动性和发展自我力量的潜能。坚定、纪律和在孩子早期生活中设立限制，同时包括爱、敏感和必要的容纳以及对孩子需求的关注，这些共同构成了孩子自我发展的基石。

生 活 小 剧 场

TT 是一个性格内敛腼腆的男生，学习态度还算端正，但成绩不温不火。小学低年级的时候，父母一方面忙工作，另一方面觉得孩子依然小，没有对 TT 有更多的要求，TT 觉得家庭氛围和父母都是很不错的。四年级后，TT 换了一个班主任，老师非常在意学生的学习成绩，多次召开家长会希望家长都能督促孩子的学习投入和表现，TT 的父母也在这个过程中感受到了一定的压力。

某天放学回家，TT 像往常一样邀请自己的好朋友到家里，一起边玩边写作业，妈妈提前下班回到家里，看到这一幕，态度有了变化。

妈妈询问 TT 小伙伴的考试成绩，以及每天晚上写完作业后的安排。听到小伙伴说自己每天很早就写完作业并且坚持阅读和听英文，平时和期末成绩都在班级前几名，妈妈的脸色越来越难看。

TT 也是第一次从朋友那里听到这些，有些惊讶，也有些佩服，他刚想问问小伙伴，看什么书听什么英文故事的时候，没想到妈妈冷嘲热讽地回应他："问了有什么用，你天天作业都写不完，哪里有时间做别的。"

TT 的面子有点挂不住，毕竟是自己很在意的小伙伴，当着朋友的面被妈妈这样数落，TT 非常不开心。他让好朋友先回家,有些不高兴地询问妈妈为何要这样,没想到妈妈更严厉地告诉他:"以后不要让这些孩子到家里来,学习好不好都不行,有那个玩的时间,先把自己的成绩提上来!"

TT 争辩:"我们在一起就是写作业的,我不会的可以问他。"

妈妈更加粗暴地回应:"同样一起学习,人家会你不会,还让人家教你,你有没有羞耻心,不觉得自己是笨蛋吗!你不嫌丢人我还嫌丢人呢。他妈妈天天在群里晒儿子表现好,有时间去帮助别人提高成绩,你呢!真丢脸!"

多年后,TT 跟心理老师回忆,四年级时发生的这件事是亲子关系的一个重大转折,TT 从来没有想到,自己对母亲来说是一个丢脸的存在,而且母亲从此以后对成绩的强调和对 TT 交友的干涉严重影响了 TT 的自我发展和社交能力,为日后高中阶段爆发抑郁症埋下了隐患。

(5)青春期阶段(12 岁~)。

虽然很多人默认青春期以身体第二性征发展为开端,但是从心理学的视角,我们认为,一旦青少年开始有关注青春期的想法,青春期就开始了,这可能在身体变化之前,或者在身体变化开端,也可能是在身体变化已经一段时间以后。那么青春期什么时候结束呢?没有明确的时间和年龄限制,本质上来说,当青春期的转变导致一种稳定的自我感时，个体能与父母真正分离，像一个真正的成年人那样，我们可以认为青春期真正结束了。由此可见，青春期的时间历程对不同的人来说并不相同，有些人可能需要一生的时间才能达到，这种青春期心态也可能残存在我们所有人之中。

青春期是一场完美的风暴：快速变化的身体，上升的荷尔蒙，可塑性极强的大脑。当心智发展的速度匹配不上身体成熟的速度时，青少年更容易体验到自由和责任的冲突，产生各种心理困扰，但这种不稳定的动态也为自我整合提供了契机。

作为父母，需要懂得青少年在这个阶段的挣扎和困苦、动荡和不安，认识到叛逆、做各种新的尝试是他们在面对自我议题时的正常反应。青少年需要通过碰撞规则和边界、对抗传统价值观念等方式，来了解自己的力量、高度，了解自己所能到达的范围以及应对外部世界的能力。父母需要拓展自身对不确定的容纳能力来更好地应对和支持这个阶段的青少年，不是急切地结束、蛮横地干预或者试图代劳，而是给予更多的时间和空间，允许他们以动荡的、怀疑的、开放的态度来探索这个过程，并最终自己解决问题。青少年能否成功度过这个阶段，很大程度上取决于父母是否能够放手。

与此同时，我们也要认识到，边界对青少年自我存在感的重要性。当我们谈到父母允许青少年去冒险用自己的方式解决问题，并不意味着父母对青少年是放任的、疏离的，而是指父母对青少年保持尊重，并且这种冒险和犯错都是在已知的、经过协商的界限之内，虽然这个界限经常被忽视和挑战。父母的忽视和纵容会让青少年无法在家里感受到这种界限，而去更广阔复杂的社会中寻找这个边界，而这样做的风险和代价会更大。因此，某种意义上讲，父母需要在场，在场的意义就是为了让青少年忽视和对抗，但与此同时，父母又不要去报复，要让青少年明白即便自己在远离，身后依然充满关爱。

另一个对青少年自我边界很有意义的议题就是伙伴关系。父母对待青少年发展伙伴关系的态度和方式，也会影响青少年的边界发展。与同伴构建的团体提供了青少年需要的有支持感的结构，更有利于青少年在其中探索"我是谁"这个重要议题。青少年对同伴的需要和排位甚至高于家人，这点需要父母理解并尊重。当青少年给日记本上了锁或者关闭房间门的时候，父母应该尊重私密空间而不是闯入和破坏。这里的同伴包含了同性和异性，懵懂的爱恋是青少年身心健康发展的表现。青少年在同伴关系里发展出拥有一段关系的能力以及选择不在一段关系中相处的能力，而这些爱与独处的能力的发展都需要父母的放手和尊重。

生 活 小 剧 场

LL 是一个高二的男生，成绩优异，虽然安静寡言，但是在班级的人缘很不错，在父母、老师和同学的眼中品学兼优。LL 喜欢看书，涉猎广泛，偏好哲学和科学类，也很喜欢听古典音乐。即便是假期，也很少出去社交，更多的时间就是在自己的房间里看书、听音乐。父母都是高学历，书香门第的家庭氛围也是比较安静和淡泊的，家人之间少有矛盾但是也谈不上亲密，偶尔在一起看看新闻，更多的是各自看书、学习、工作。

LL初中的时候，曾经有一个关系很好的女生朋友A，尽管父母怀疑LL跟女生可能有暧昧，但是LL坚持认为他们是纯洁的友谊不是男女之情。LL一直都觉得自己是没有存在感的，尽管从小到大都非常出色，老师和同学也都很喜欢和欣赏他，但是LL的内心始终认为自己只是有能力做出赢得大家喜欢的事情而已，大家喜欢的是自己外在的那些表现，不一定真正喜欢内在的自己。初中某次生病错过了一天的课程，第二天复学后LL在自己的桌子上看到了A留给自己的纸条，内容大意为：LL是课代表，A不希望其落下了功课，所以主动提供了笔记供参考。LL很感动，他没有想到，原来还是有人在意自己的。LL给A回了一封感谢信，两个人心照不宣地用这种书信的方式交流彼此的生活和思考。LL惊讶地发现，他们有很多可以探讨的话题，两个人的友谊也从书信走向现实生活，经常在上学和放学的路上畅所欲言。LL认为他们都是在真挚地关心对方，分享各自读过的书以及对很多事件的思考，所以这并不是谈恋爱，而是真正的友谊。

父母无意中知道了这个女孩的存在，出于担心，妈妈擅自偷看了LL的日记以及往来的书信，坚持认为这就是早恋。

因为中考在即，父母担心 LL 因为早恋而分心，决定还是跟 LL 谈谈这件事，尽管 LL 跟父母解释了，父母还是希望 LL 不要在异性朋友这件事上过度分心，并提出每天由父母接送 LL 上下学的建议。LL 最终还是听从了父母的建议，为了不让父母担心，LL 跟 A 约定还是保持书信来往，就不在生活中接触了。

中考后，LL 和 A 都考上了重点高中，但是不在一个班级了，书信的往来也没有那么方便了，渐渐地就少了联系。失去了跟 A 这种畅所欲言的沟通，加上高中生活节奏和学习难度的突变，LL 开始逐渐感受到无法疏解的压力。高二后，LL 和 A 又分到了一个班级。恢复联系后，LL 感受到自己总是在向 A 倾诉自己的烦闷和压抑，书信的话题总是 A 在劝慰 LL。渐渐地，LL 认为自己不配再跟 A 做朋友，因为自己已经彻头彻尾地成为了别人的累赘，而 A 依然积极、阳光，LL 不想 A 有太多的精力被自己消耗，对自己的评价更加负面。A 感受到面对 LL 压抑的心境有点力不从心，鼓励 LL 去接受心理咨询，并告诉 LL 这是一个非常好的方式。最终，LL 在一次情绪崩溃后，跟父母哭诉：很早就在考虑活着没有意义，不止一次思考自杀的事情，并且也常常在自己没有觉察的状态下将家里的很多花剪掉，还有一次试图掐猫咪的脖子。这些变化让自己快承受不了了，觉得自己是坏人，而且病得很严重。

父母吓坏了，从来没有见过儿子如此激动和崩溃的样子，此时才认识到问题的严重性。他们完全不知道儿子内心正在经历的痛苦，也无法理解儿子不想活着的想法，开解无用，父母决定帮助儿子寻找合适的心理咨询师。在心理咨询师的介入下，父母也开始调整家庭的相处模式。父亲感慨地说："活了半辈子，从来不知道，不吵架爱读书的家庭中也会产生抑郁的孩子，父母勤恳努力地生活，不代表孩子就能开心健康地成长。任何时候，父母都有成长空间。"

2 _ 从成年人自身的角度来看边界建立——自我调节

兰瑟（Darlene Lancer，2018）曾经在她的一篇文章《个人边界是什么？我怎么找到它》（What are personal boundaries? How do I get some）中指出，当你发现自己不会拒绝，对他人很难说"不"，过度委屈自己去取悦他人，常常为那些要求你、控制你、批评你、强迫你、辱骂你、侵犯你、恳求你，甚至用仁慈来让你窒息的人而烦恼，你需要反思你的边界问题，并尝试改变。

那为什么对有些人来说，设置边界是如此困难？可能有以下几个原因：

- 他们总是优先考虑别人的感受和需要。
- 他们不了解自己的想法、感受和需要。

- 他们不认为自己拥有建立边界的权利。
- 他们担心设置边界会影响关系。
- 他们从来没有学会拥有健康的边界。

通过前面心理发育阶段的阐述，很多人会发现，我们成年后的自我边界状态跟童年早期被养育者对待的方式以及整个成长经历都有关系。关于成年人边界问题的相关研究也再次证明，如果我们在成长的过程中没有学会如何确立边界，并且是在有问题的边界关系里长大，我们很多时候会觉得自己是没有力量、能力去拒绝的，甚至我们没有拥有独立的、完整的自我和人格。

那么，如果在成年后意识到自己的边界有问题，模糊不清或者过度僵硬，该如何进行自我调整呢？

第一，我们需要充分认识到，我们对任何事情都有说"不"的权利。尤其是当你认真地倾听内心感受，觉察到了一些虽然认知和理性并不是完全清楚，但是本能和直觉告诉你，你不喜欢、不愿意，或很难受、很糟糕、非常抗拒等的感受时，你要尊重自己当下的感觉。

第二，分辨哪些是你无法接受的行为。你可以试着列出生活中哪些事情或场合，你明明想拒绝却经常说"好的"。写下来你更希望发生的情况，并且思考，到底是什么阻止了你说"不"，什么阻止了你坚持自己的想法。明确自己的底线，然后试着用温和善意的方式表达你的真实想法，例如"谢谢你的邀请和信任，但是我很抱歉最近没有时间参与……""很抱歉，最近不太方便借给你……"

第三，学会和自己相处。内部界限也是一种自律，是你对自己的时间、思想、情感、行为和冲动的健康管理。如果你总是拖拖拉拉，做了一些自己不想做也没有必要做的事情，或者做了太多而没有得到足够的休息、娱乐或均衡的饮食，可能说明你在忽视身体内部的界限。努力学会面对和管理自己的消极想法和感受，这会让你更强大，此外，实现目标和兑现承诺的能力也会让自己更强大。拥有健康的情绪和内部界限可以帮助你不去承担不属于自己的责任，不用太去为别人的感受和问题而困扰。当你学会"把别人看作别人，把自己看作自己"的时候，你可以拒绝不属于自己的责任，而不用为自己辩护或者向他人道歉。

第四，影响关系的不是界限而是互相指责的行为以及情绪化的反应。我们内心的界限不够清晰和明确的时候，我们的情绪很容易被触发。清晰的自我边界可以让我们分清自己和他人，让自己做自己，也允许别人成为别人。界限不仅是一种保护，而且可以让自己稳定，更有力量感，减少焦虑、怨恨和内疚，也让跟你互动的他人感受到空间和彼此尊重，你的人际关系会因此而改善。

最后，当你设立了界限却感受不到它起作用的时候，意味着你需要提升表达界限的艺术。界限不是用来惩罚他人，而是用来守护自己的。跟喋喋不休地指责相比，自信、坚定、礼貌地表达界限，往往更有效。

大家需要明白，设立有效的界限是需要时间、支持和学习的，增强自我觉察和学习坚定是第一步。设置界限并不意味着自私，而是自爱。每一次你说了"不"就是在对自己说"是"，这有利于建立自尊。你需要不断地自我鼓励和坚守，即便遇到了挫折和抗拒。

四　家庭中的界限

从家庭的视角来看，界限是"结构式家庭治疗学派"理论中的一个重要概念。结构式家庭治疗发端于 20 世纪 60 年代，是由萨尔瓦多·米纽钦（Salvador Minuchin）创建的，治疗的原则是重建家庭结构，改变相应的规则，并将家庭系统僵化的、模糊的界限变得清晰并具有渗透性，设法改变维持家庭问题或症状的家庭互动模式。

从家庭治疗的观点来看，每个家庭都是一个系统，家庭成员之间的角色和关系构成了子系统（亚系统），例如夫妻子系统、亲子子系统、手足子系统。子系统之间是相互连接或重叠的，也就是说，一个人可以同时处于不同的子系统中，并扮演不同的角色，每个子系统都承担各自的功能。

家庭界限，是指将个体、子系统或系统与外部环境分开的无形的边界线，是一种情感的屏障和距离。界限规定了家庭成员之间、子系统之间、家庭与外界环境之间的空间距离，用来决定谁是内部成员，谁是外人，谁能加入以及怎样加入的规则。因此，界限在维持所有家庭子系统的相互依赖的同时，也有助于保证每个子系统的自主性，是维系家庭中个体或团体完整性的重要条件。

界限决定了家庭子系统的功能、家庭中的联盟和权力，以及家庭的结构，其性质和功能对家庭来说至关重要。

1 _ 健康的家庭边界：清晰而有弹性

健康或功能良好的家庭界限首先是清晰的，家庭成员之间有着比较明确的交往规则，子系统之间也有比较清楚的距离。举例来说，夫妻之间可能在处理家庭事务上有一定的分歧和矛盾，但是他们会将这种冲突和差异停留在夫妻子系统的范围内。当夫妻一方在执行父母子系统的功能时，另一方不会将二人的冲突和矛盾带入亲子子系统，影响亲子关系或造成孩子的困扰，即使夫妻二人的主要分歧跟孩子的教育有关。

好的界限意味着夫妻可以私下处理他们之间对父母角色或者职能的矛盾，而不会在孩子面前互相指责或拆台。最典型的例子就是，夫妻离婚了，各自还是可以很好地行使父母职能，孩子并没有因为父母婚姻的破裂而失去父母任何一方，依然能够感受到来自父母双方的爱、养育和支持。

健康的家庭界限的另一个特点就是有弹性，这意味着尽管各个子系统和成员之间的规则清楚，但是也会因为特殊场合、事件或者需要而及时调整界限。家庭成员之间角色清晰但又能及时补位。

例如，在祖孙三代共同生活的大家庭中，好的边界意味着老人会守住自己是祖父母的界限，尊重年轻夫妇作为小孩主要监护人的养育角色和教育职能，不对年轻父母的教养方式指手画脚或者拆台。但与此同时，在年轻父母因为工作繁忙或者其他原因未能及时教导时，祖父母可以临时承担起父母角色，维持必要的教养职能，而年轻父母也能容纳这个过程中临时产生的一些错位和变化，没有因为某次越界就大动干戈。这样清晰而有弹性的家庭界限能在很大程度上保证家庭结构的稳定和功能的良好运转。

2 _ 不健康的家庭边界：模糊、僵硬

功能不良的家庭界限主要表现为界限模糊或者界限僵硬。前者我们常常称之为"纠缠型的家庭关系"，后者我们常常称之为"疏离型的家庭关系"。下面通过一些生活中常见的事例让大家更好地了解。

（1）模糊的家庭边界。

界限模糊的家庭表现为边界不清晰、不稳定、混乱，甚至没有界限，最经常出现的行为就是"越界"。

例如，太太怀疑先生外遇，尽管先生已经解释，但是因为言行不一致又回避进一步沟通，导致太太依然疑心难安，非常痛苦。太太将这种心情传达给9岁的女儿，并直言：爸爸不要我们了，你只能跟妈妈在一起。甚至借此教导女儿：男人都没有好东西，不要相信他们的话。这样的做法不仅对解决夫妻关系问题没有任何帮助，反而因为"越界"导致女儿承受了本不该承担的压力，而且将女儿拉入夫妻"战争"作为筹码，会损伤夫妻子系统、亲子子系统以及父母子系统的功能。尽管先生从父亲的角色来讲并没有什么问题，但会因此影响

父女关系，导致父亲职能失去应有的功能和价值。

生活中类似的"越界"行为非常多，孩子小的时候，在明确拒绝的情况下依然被父母强迫参与一些事情，或是父母强行干预孩子的朋友圈，让孩子跟谁玩或不跟谁玩等。对于已经有隐私意识的青少年，父母依然自顾自地出入孩子关闭的房间；偷看孩子上锁的日记；私下里约见孩子心仪的异性伙伴，单方面劝阻进一步联系和交往；父母依据自己的喜好和意见给孩子填报志愿，选择专业、学校等。对已经成年的大学生，父母背着孩子给宿舍舍友和老师打电话了解孩子在大学里的表现并干预孩子的学业生活等。更有甚者，在孩子毕业时，父母不顾孩子的意愿和想法，强行给孩子安排父母喜欢的工作，甚至谋定婚姻大事等。

尽管很多父母的出发点都是因为"爱孩子""真心为了孩子好"，但是这些"越界"的行为实际上伤害了孩子的自主性和完整性，在这样的成长经历中，孩子感受到更多的是不被尊重，自己没有力量拒绝他人以及没有能力去作决定。因为被父母多次的破坏自我边界以及关系的界限，这些孩子也没能学会如何去建立界限，会导致未来职业和家庭生活中出现各种问题。

从家庭心理学的角度来说，在一个家庭中，最重要的核心关系是夫妻关系。尽管我们认同婚姻不是两个人的结合，而是两个家庭的结合，但是这并不意味着，两个家庭中其他成员可以随意介入这对小夫妻的婚姻生活，尤其是这对夫妻成为新晋父母后，他们需要的是支持和帮助，双方大家庭的其他成员可以分享经验、提供协助，但是要恪守关系的界限，不要"不请自来"，或者以爱的名义横加干涉。作为家庭核心的夫妻，要守护好自己多重身份在多重系统中的不同界限，自己不做"越界"的事，例如，遇到问题自己不去面对，总是邀请原生家庭的人员介入自己的新家庭来解决矛盾；同时，也要能对他人的"越界"行为温和坚定地拒绝并保持适当的距离。被动地由父母左右夫妻间的内务，是界限不明的表现；而有选择地邀请家人参与夫妻俩一致认为适合他们参与的事务，可以算是彼此之间界限得当的表现。

（2）僵硬的家庭边界。

界限僵硬的家庭表现为：界限虽然清晰但是非常僵硬，没有任何弹性，成员之间的关系疏离而冷漠，较少进行情感沟通，亲密感和连结感都非常弱。

生活在界限僵硬的疏离型家庭，成员之间很少沟通和表达对彼此的需要，即便内心深处是关心的，表现出来依然是淡漠。传统家庭中成年后的父子关系常常呈现出这种风格，父亲古板而沉默、不苟言笑、严厉冷峻，儿子不管在外如何，回到家中尤其是在父亲面前，寡言而冷淡。父子之间很少交流，非必要不谈话，必要时的交谈要么是一副公事公办的疏离感，要么是剑拔弩张的紧张感。这种父子关系通常会依赖母亲作为第三人进行传话，导致家庭中的三角关系，进而导致母亲的一些"越界"行为。

疏离型的家庭风格和关系会让成员感受不到家庭的温暖继而想要逃离，不得不在家相处的时刻会觉得压抑而煎熬。人是群居的动物，关系连结是一种生存本能，也是一种促进身心健康的重要途径。僵硬的界限容易给成员带来伤害和挫败感，而不是保护和支持。在这样风格的家庭中长大，成年后的个体很容易发展相似的关系疏离风格或者互补的关系纠缠风格。同样，因为没有体验和学习过如何建立清晰而有弹性的边界，可能导致个体其他的人际关系也举步维艰。

总之，合理的家庭界限最根本的是家庭成员之间尊重和包容彼此在各自事务上独立的看法、立场、选择，而不过分干涉其他家庭成员的职能范围，同时也不会接受他人的过分干涉。合理的界限是家庭成员能有良好互动模式的基本保证，努力去建构家庭中清晰而有弹性的界限，不仅是为了给自己的亲密关系以成长的空间，也是对父母成熟理智的爱护和孝顺，对子女健康成长的保障和示范。

一个好的家长一定是不断思考的，因为思考是一个人的原动力。思考能够帮助人们创造新的解决方案。家庭教育中的反思和领悟能力，在某种程度上决定了家长的高度和胸怀。不断学习和反思才有可能引导家长成为自己孩子最好的教育专家。

第五章

觉察

觉察（awareness）是指个人知道、了解、反省、思考自己在情绪、行为、想法、人际关系及个人特质等方面的状况、变化及发生的原因。

　　在我们的文化里，可能更熟悉的是另外两个词：反思、反省。我们常常被教导应该"吾日三省吾身"（出自《论语·学而》），意思是"我每天多反省自己"。很多人都在生活中保留了"三省吾身"的一些习惯，例如睡前写日记，将今天的感受和思考大致总结一下，或者是睡前想想这一天或者最近几天发生的事情，反思自己的言行和得失。

　　我们这章谈论的觉察，跟生活中常见的反省有相似之处，但也略有不同。我个人觉得，觉察的概念更大一些，更中性一些。具体来说，反省或反思更强调认知层面，通常是对一些可能有过错的事情做深度的、全方面的思量。我们很少说反省一下你的优点，反思一下你的成功，而是说反思经验和教训，反省言行和失败。反思或反省是中性词，偏负面，多指的是自我检讨和自我批评。

　　而觉察通常包含了认知和感受两个层面，不仅有思维上的觉察，还有情绪情感层面的觉察，整个觉察的过程通常情绪是诱发，直觉给方向，思维做修正。此外，觉察的对象和内容不仅包含负面的，也包含正面的，是一种中性的关注，不带有批判的色彩，不以评判为目的，更多的是去探索和发现。这个过程中非常强调持有开放的态度，宽容和接纳来自内心的各种声音和画面，不去做评判，容许这些念头和感受来去自由，攫取对自己来说最有触动的部分，通过关注和探索自己的思维、感受、身体去深度了解自己内在的担忧、害怕、需要和渴望。

当我们强调生活中需要觉察的时候，不仅是在鼓励你去反思自我和生活，也是鼓励你去关注生活中的很多方面，尽管我们常常因为问题和负面的感受被触发，但是觉察的中性、开放、非评判的性质可以让这个探索的过程更平和，不总是聚焦在做得不好的地方，而有机会看到自己内在的资源和力量。

本章节我们围绕这样几个方面来展开：家庭教育为什么需要觉察？身为家长，我们需要觉察的是什么？觉察可能给家庭、关系、教育带来什么？有什么方法或者途径可以增强自己的觉察能力？

一　为什么家庭教育需要觉察？

我相信很多读者会认同这样的理念：尽管我们的身体有自然成熟孕育生命并诞生婴孩的本能，但是成为父母这件事最好是个人成熟后的一种选择，承担父母的角色并履行父母的教养职能除了依赖一些可贵的先天直觉外，还需要后天大量的学习和成长。

孩子最好是被父母期待着来到这个世界上的，那意味着从孕育的阶段宝宝就在享受来自父母的爱。假如孕育是一次意外，父母其实也有充分的时间来调整自己面对孩子的态度，从积极的角度来看，或许这是天意的安排，让你有机会来体验另外一种人生。

其实不管是期盼着还是意外地成为了父母，也就是说不管你有没有准备好，伴随一个婴儿长大的过程对父母来讲都是充满挑战和不确定性的，这就是生命的本质——这个长大的过程有着极大的潜能和不可预测性，但这也恰恰是生命最有魅力的地方。被规定好的人生，被明确了路径的人生，是无趣的，也是非常危险的，因为这种对生命的操纵恰恰是在否定生命的多样性和可能性，只会带来悲剧。只有用开放的、积极的、接纳的态度来对待生命，才有可能去见证一段真正的成长，享受为人父母的喜悦，成就孩子非凡的人生。

所以，为人父母的第一课，就是要明白：成长的本质是不确定性，不要试图去操纵，而是要顺势而为。尊重这种不可预测性，容纳这种不确定性，是父母非常重要的成长议题。

每一位父母，都是带着自己从儿童到成人的成长经验进入这个角色的，我们作为儿童的经验、作为他人兄弟姐妹的经验、我们如何被对待和被教养的经验，在很大程度上会以无意识的形式影响着我们成年后的自我评价、关系建立、人际交往以及如何看待和对待我们自己的孩子。成年后组建家庭成为父母，这个小家庭会激活新晋父母内心曾经的那些身为婴孩的体验，我们能否阻断祖辈带给我们的不良影响，很大程度上取决于我们对自己的成长经历是否有充分的反思和理解。

有些时候，我们可能会认同自己成长中一些有害的模式，例如"从来不肯定你是为了不让你骄傲自满""嘲笑你是因为我们很亲密""随便对待你是因为没把你当外人"等，我们曾经或许就是这样被对待的，可能当时自我的力量太小了又或是外部环境太强大了，成长中的我们无法通过反抗来纠正这种不舒服的模式，认同了这种扭曲的方式。有时候我们可能会对自己早年的遭遇太过愤怒，以至于在自己成为父母后矫枉过正地去对待孩子。例如，有些家长是在备受忽视的家庭中长大，非常渴望来自父母的照料和关爱，自己成为父母后就会事无巨细地去包揽孩子的各种事情，结果导致孩子成长中缺少边界，家长补偿了自己的缺憾但是给孩子带来了其他的问题。

保持觉察，能让我们在履行父母职能的时候多一些停顿和思考，少一份理所应当和想当然。我们可以有机会看看自己身上正在发生什么，这些发生的事情有多少是孩子需要的，有多少是自己需要的，而不是在无意识中重复着我们的创伤经历。

本书之所以一直强调家庭教育的本质在于父母成长，成为一个成长型的父母才是家庭教育的关键，就是在于我们希望父母从自己出发，通过不断地学习和成长，去除"不良家庭模式"带给自己的伤害和印记，努力尝试和践行新的"良好的家庭模式"，将这种不良模式的代际传递在我们身上阻断。

二　身为家长，我们要觉察的是什么？

家庭教育是发生在家庭微环境中的互动，亲子关系在其中也扮演了非常重要的角色。有效的家庭教育需要建立在良好的亲子关系的基础上。父母与孩子之间如果关系疏离或者对立，零沟通或总是指责式、吵架式沟通，即便父母拥有非常好的理念和资源，本人也非常成功，但是在对孩子的教育上也会面临很大的困难。

所以，当我们从亲子关系角度出发，用双向互动的视角来提升自己的觉察能力时，对改善我们的亲子关系、家庭关系是非常有价值的。

此外，当你习惯了觉察这种方式，并灵活应用在家庭教育的很多环节和过程中时，你就有了将书本理论和自身经验相结合的机会，带着自己的洞见和智慧创造性地去解决自己家庭教育中独特的问题。

从关系的角度来说，觉察的内容可以围绕这三个方面：对自己的觉察，对他人的觉察，对所处环境的觉察。那么在家庭这个关系里，意味着家庭教育中的觉察也可以有这样三个方面：家长对自己的觉察，家长对孩子及其他家庭成员的觉察，家长对当下家庭环境的觉察。

1_ 家长对自己的觉察

很多心理学的理论和临床经验都表明，当一个人对自己内在的需要、渴望、动机和担心知道得越清晰，沟通的成功率越高，对关系的建立和维护也有越有利。

自我觉察可以泛指个体对自我各个部分的观察和感受，既包括身体层面的，也包括精神层面的。前者主要是对躯体各部分器官的感受，例如感觉到肩膀很酸痛或者肠胃非常不舒服等；后者主要是对自己的情绪、想法、感受、价值观等内心世界的觉知。身心是一个整体，有些时候信号来自身体，有些时候来自情绪，也有的时候来自行为。不管从哪个渠道传来信号，都值得自己去感受和倾听，因为这是开启自我觉察非常好的时机。

通过自我觉察，我们能更好地跟自己交流和对话，理解自己的感受和反应，看清自己内在的真实需要，不仅有自己的渴望，还有自己的脆弱。这是非常好的了解自己的机会，我们不是天生就了解自己的，是在后天不断的反思和觉察中逐渐了解的。

当然，我们不是主张个体对发生在自己身上的任何事情、任何感受都去做觉察，事无巨细也容易让人心生倦怠，疲惫不堪，太敏感的人总会觉得自己很容易神经衰弱，因为对所有的事情都敏感的话，生活会失去重点，没有必要也不可能实现。**对自己觉察开始的最佳时机是，感受到自己有触动的时刻**。这个触动有可能是积极的感受，也有可能是消极的情绪。比如，突然很感动，觉得幸福，或突然觉得特别生气和烦躁。但凡有情绪触发的那个点都是值得我们觉察的点。当然，大多数情况下，我们对负面情绪更敏感，比如，愤怒、不开心，觉得内心很堵，或这一刻烦躁无比。你觉察到了自己情绪变化的时刻，就是一个觉察开启的时刻或觉察向你招手的时刻。

家长在面对孩子的时候，经常会莫名烦躁，常在一些很小的事情上大动干戈，搞得双方都很不开心。很多家长事后也常常反思自己的不耐烦，认识到自己的情绪化，但是下一次发生的时候依然如故。如果我们换一种方式，用觉察而不是反思，可能会有些不一样的体验。跟反思中用批评的视角来审视自己不同，觉察更强调非批判和开放的视角，即便激发出来的感受是负面的，例如烦躁、愤怒、负疚，但觉察的过程允许这些负面感受的存在，在承认这些感受存在合理的基础，更深入地去看这些情绪的背后有什么其他的内容。

我们假设一个情境：妈妈因为拒绝了孩子的一些不合理要求造成了亲子关系的紧张，处理的过程中妈妈逐渐失去了耐心，对孩子吼了几句，孩子很委屈，妈妈也很烦躁。这种情况近期在家庭中频繁地发生，妈妈有些困惑，也很烦恼。在又一次爆发后，妈妈尝试用自我觉察的方式来探索一下到底怎么了。这个过程有点像自问自答，只不过不完全聚焦在认知层面进行问题解决，而是同时关注与之伴随的情绪和身体感受。

当进行自我觉察的时候，我们会先对自己进行情绪安抚，也叫自我共情："我知道你此刻非常烦躁，你很生气，因为孩子又没有听你的话，又在挑衅你，让你难堪，这个的确太让你恼火了。"

"我"和"你"在这里都是妈妈内心的角色，"我"是观察者——观察自我，"你"是当下正在有情绪反应的自己——经验自我。

情绪一旦被理解和抱持，程度就会缓和。情绪缓和，就给了认知去关注这件事的精神空间。

此时，继续跟自己对话："你到底在烦躁和愤怒什么呢？"——向自己发问的过程，这种发问不是用批评和指责的口气，就是一种好奇，对自己情绪的好奇，真诚地倾听自己情绪背后的其他需要。

"真的好累呀，每当这时候（跟孩子对峙）都觉得自己是孤军奋战！好像只有自己是孩子的敌人一样。"——因为没有指责，所以自我防御会降低，在这个过程中，不会过多的自我辩解和解释，让愤怒背后的其他情绪有机会复现和被看到。

于是，我们看到了这样的烦躁背后是一种疲惫和委屈，还有一些无力感和心有不甘。接下来要做的就是承认这些情绪感受，不加任何的批判和压制，不去辩驳它们存在的合理性，允许它们的存在。

继续跟随刚才的"孤军奋战"的念头，去觉察这部分，"为什么你在面对这种事情上会有孤立感呢？"

因为觉察中对任何情绪和声音都没有批判性，都允许其存在，所以有利于创造出一个可以自由发问、探讨和表达的空间。

"孩子爸爸工作比较忙，虽然很多方面支持我的教养工作，但是事实上参与比较少，更多的问题情境都是我自己来面对的。家里虽然有老人帮忙分担家务，照料孩子，但是老人面对孩子的一些要求从来都是尽力满足，很少拒绝。一些维持原则和规矩的拒绝行为就只能由我来承担，难免会觉得又辛苦又不讨好，但是另一方面，这样的坚持对孩子成长是有意义的，家里肯定需要有人愿意站出来承担这个角色，既然爸爸时空有限，那就只能由我来承担了。"

觉察到这部分的时候，妈妈可能更加清楚在刚刚与孩子的争执中发生了什么，这里面其实不仅仅是妈妈和孩子两个人的问题，每个家庭成员的角色、态度和互动都相互产生影响。妈妈也因此可以不在自己和孩子的身上那么纠缠，尤其是避免了过度的自我批判以及与之伴随的挫败感。

如果此时，妈妈还有一些时间和精力，不妨顺着刚才自我对话的内容，再进一步觉察更深层一点的议题，这里面可能就会有不同的方向：

"这些所谓的'规则'或者'规矩'，到底怎么来界定更合理呢？或者，你觉得自己承担这个维护'规则''对孩子说不'的角色有困难吗？需要什么方面的帮助呢？或者，孩子最近总是'挑衅'的诉求当中都是不合理的吗？是不是有需要调整的地方呢？又或者，对规则和规矩的反应这么敏锐，到底是出于现实的需要还是你自己在这方面比较在意呢？"

然后妈妈就会发现，当开始往这些方面觉察的时候，就不会受困于到底该不该发脾气这一点，而会看到这种情绪背后更大的、更有意义的议题，对这些问题更深入的思考和探究则有利于妈妈去调整接下来生活的一些方向：

你可能看到了自己的疲惫和辛苦，需要适当地给自己一些关爱和放松；你可能看到了自己的无力和困惑，需要去获得其他人的帮助；你可能需要跟孩子爸爸找时间讨论一下育儿压力的问题；可能需要找机会在一些事情上争取到老人的支持；也有可能你发现孩子在成长变化，自己原来持有的一些"原则"和"规矩"需要与时俱进的变化，以适应孩子变化的自我和边界；你可能看到了自己对"规则"敏锐反应的背后有很多自己心酸的过去，那些发生在自己身上因为"规则"

所带来的问题让你过度敏感，不希望再次发生在孩子身上。

通过对上述情境进行深度的觉察，你会发现：你的"发脾气"可能只是你"无力应对当下困境"的一个症状反应，它更像是一个信号，提醒你需要去关注自己、他人和生活中正在发生的一些事情。不执著于这个信号的对与错，而是借由信号，看到信号背后那些更深层次的跟自己、跟他人、跟价值观有关的议题，对父母来说是更有意义的。

我们经常强调，家长需要学会动用自己的内在资源和智慧去创造性地解决家庭教育中的各种难题。很多困境不是理论能一概而论的，我们都需要在学习的基础上结合自己的现实情境去寻找最佳的解决方案。自我觉察便是其中一条安全、高效的捷径。

2 _ 家长对孩子及其他家庭成员的觉察

在良好的互动中，仅仅有充分的自我觉察、接纳和情绪管理，还不够，尤其当你的关注点都侧重在负面信息时，这样的自我觉察反而会产生更多的问题。一些心理学的研究结果也表明，如果在沟通的过程中，过度关注自己的情绪体验和过程，可能会忽视来自对方的反应，这会导致沟通的效果反而不理想。因此，在沟通的过程中，同时兼顾对自己和对他人的觉察就显得尤为重要。特别是当个体本身就属于安全感比较低、很敏感、遇到问题喜欢回避和拒绝沟通的性格，那么在沟通的过程中，假如不能很好地平衡对自己和对他人的觉察，就会误解对方的反应，造成双方更大的心理负担。

对他人的觉察，简单的理解是"换位思考"，更专业的表述是共情和观点采择。一方面表现为表达者在表达自己的同时需要兼顾倾听者的角度，关注倾听者的反应，以及觉察这些内容对倾听者来说可能意味着什么。另一方面表现为倾听者在倾听的过程中，努力从表达者的角度去思考和感受，而不是从自己的角度出发去倾听，这点被很多研究证实有非常重要的积极意义，有利于提供有效的回应、促进关系亲密、给予更多的支持和降低离婚的可能性。

有趣的是，很多研究也表明，一个人品性善良跟在沟通中是否能提供准确的共情是两件事，也就是说，尽管我们知道对方是善良的人，但是在与对方沟通的过程中，如果不能被对方很好的共情和理解，我们依然会觉得对方是不真诚的、麻木的、不理解自己的。这点对亲子沟通有非常重要的启示意义。很多家长都觉得，自己明明是很爱孩子的，恨不得把心都掏出来给孩子，为什么孩子总是不理解自己的苦心呢？每次苦口婆心的教育，没有让彼此更加信任和亲密，反而更加抗拒和疏离，这是为什么呢？原因当然有很多，但是我觉得非常重要的一点在于，很多家长跟孩子沟通的时候，不管是表达还是倾听，都是从自己的角度而不是从孩子的角度出发，共情不到位，孩子很多时候感觉不到家长的理解，更多的反而是误解，久而久之，孩子自然缺乏沟通的热情，也越来越不想跟家长说话。

在我的临床经验中，有大量的机会是跟儿童、青少年一起工作，从四五岁到十七八岁各个年龄段都有。我经常听到家长对孩子的一个主诉就是："我不知道 TA（孩子）在想什么，问 TA 也不讲，TA 不说我们怎么知道呢？"而从孩子那边，我经常得到的回答是："他们（父母）不理解我，说了也不懂，懂了也没用，所以就不想说了。"其实这种错层不仅仅发生在父母与子女之间，很多夫妻之间、其他家庭成员之间，也是如此。甚至有些家长表示，自己的家庭不缺沟通，但是沟通的结果和效果都不好，每次沟通后都让彼此间的鸿沟更大，关系更差，还不如不沟通，虽然不够亲密但至少不会让关系更糟糕。

不得不说，这种错层是家庭的常态，也是家庭的悲哀。家人原本是最亲密无间的，但有些时候，同一屋檐下的生活并没有让彼此成为最好的理解者和支持者，反而成为最熟悉的陌生人。很多家庭都默默接受了这种现实，并认为这是一种常态。但从心理工作的角度，我们觉得这种"常态"更多的是一种无能为力的选择。

如果大家愿意在"关系"这个领域多做一些学习和练习，对自己和他人多一些了解和理解，在沟通方面多一些方法和技巧，可能有机会将关系发展到一个令自己和他人更满意的水平。我们在前面的章节已经介绍了影响关系建立的多种因素，例如沟通、情绪、容纳和边界，接下来我想通过一些常见的养育故事来阐释，"对他人觉察"是如何影响我们的互动进而影响我们的关系的。

隔代养育是当下育儿中一个非常普遍的现象，第一代独生子女家长已经逐渐成长为当下新生代父母的主要群体，"四二一或四二二"的家庭结构非常普遍，"四"代表四位老人，"二"代表独生子女父母，"一或二"代表他们的孩子。多数独生子女家长都有比较好的受教育水平，拥有自己的职业，虽然当中也有一些家长在生育后选择成为全职父母，但是整体来讲，这个群体的家长都比较重视儿童早期教育，并且致力于专业学习和自我成长。

因为工作、生活、经济、亲情等各种原因，很多家庭会由老人协助年轻父母一起来照顾第三代，我们可以称之为"隔代养育"。老人参与孙辈的养育并不是当下社会的独有现象，也不是中国特色，在整个世界范围内的各个国家和民族里，都有不同程度的隔代养育现象，但在中国的确是更普遍的一个传统。很多老人退休后会把照顾孙辈当作自己下半生生活的己任之一，很多年轻家长也有类似的期待和需要。在这里我们不讨论这种现象应不应该或者好不好，我们只是表述有这样的客观现实。

隔代养育经常出现的一个摩擦就是：年轻父母和祖父母之间的养育冲突。这种冲突有些是源于双方的教育理念的差异，有些是源于言行方式，还有一些是源于我们未处理的早期经验带给我们的"有色滤镜"。心理动力理论普遍认为，当个体成为父母，养育儿童的过程会很大程度上激活自己曾是婴孩的童年经验，尤其是在自己的父母也在场的情况下。尽管我们的童年有很多经验，但是那些未处理的很容易被激活的往往都是一些相对痛苦和不那么愉快的，因为那些痛苦的经验更容易被我们压入无意识里，不容易被觉察。

我相信很多父母都有过类似的体验：当自己对孩子说出一些训斥的话语时，会猛然觉得似曾相识，一些童年片段如同影像般从头脑中闪过，让人猝不及防。有些时候，仅仅是看到或者听到老人照顾孩子时他们之间那些略微对抗和纠缠的对话都会让一些年轻父母非常难受，仿佛是看到了曾经的自己。这种混杂着过去痛苦经验的感受很容易放大此刻的矛盾，激发一些过度的反应，让祖孙三代都非常无措和痛苦，这是我们在隔代养育家庭中很容易见到的场景。

对事物有不同的看法和理解无可厚非，很多事情也不是简单的是非对错，家庭教育其实也没有绝对固化的标准，有差异有争议是非常常见的，重要的是家庭中能够创设出容纳不同声音的空间，有具体问题具体分析的态度，以及在他人立场看问题的能力。但是，"悲剧"之处在于，家庭成员往往身负代际的影响而不自知，认知的差异经常上升为权力的斗争，明明出发点都是"爱"，却事与愿违酿成"伤害"。当家庭成员的差异没有带来资源，反而带来了冲突的时候，我们就需要停下来，想想到底发生了什么。除了进行上述关于自我的觉察，我们还可以试着去觉察一下他人。

同样，觉察他人的时候，也是抱着非批判、非指责的态度，不去进行是非对错的判断，不管对方做了什么让自己觉得匪夷所思或者义愤填膺的事情，先把自身的情绪反应缓下来，放在一边，用"箭头向下"的技术尝试去探索他人行为背后可能的原因、需要、动机。

生 活 小 剧 场

　　一次外出活动，爸爸买了脉动饮料，五岁的孩子也跟着喝了几口，觉得很好喝。于是在家里，每次爸爸喝脉动的时候，孩子就希望跟着喝几口，外出的时候也希望购买。父母发现了这个情况，商量后觉得小朋友还是少喝这种功能饮料比较好，所以爸爸主动减少了在家喝脉动的机会，也尽量不库存饮料了，偶尔把喝饮料当作一种奖励或者父子联欢。

但是最近，妈妈发现家里总是会有脉动出现，孩子时不时地要求用脉动作为奖励，一天会被奖励很多回。妈妈很费解，爸爸表示没买，后来发现是奶奶买的，理由是觉得爸爸很喜欢喝，孙子也很喜欢喝，既然父母能买给孙子喝，奶奶认为这个东西是可以买来囤着给大家在需要的时候喝的。父母耐心地跟奶奶做了澄清，并表示这样做可能导致的问题，奶奶表示不买了。

没多久，妈妈又发现了一件事。家里的零食通常都是定期去超市采购的时候带着孩子一起买，买的时候会兼顾喜好和健康，并定好吃的规矩，孩子大多数时候都能够遵守。但是最近孩子非常爱吃的一款甜食家里几乎不断货，妈妈了解情况后发现，是奶奶发现孙子非常喜欢吃就主动补货。不仅如此，奶奶每天接园的时候都会带着孙子去沿路的一家蛋糕店，每天都会买孙子想吃的蛋糕带回家，有时候还买好几块。跟奶奶沟通的时候，奶奶的理由是这些东西都是在家里见到的，既然父母能买给小孩吃，奶奶觉得自己也可以给孙子买，没花父母的钱，买的也是父母允许吃的东西，没问题！

如果你是妈妈，故事进展到这里，你会有什么反应呢？

有的妈妈可能觉得，奶奶的做法就是很疼爱孙子嘛，零食谁买不一样，没关系。有的妈妈可能觉得，奶奶这就是在挑战父母立规矩的权威，这样做孩子哪里还能遵守父母定下的规则呢？也有的妈妈可能觉得，奶奶就是故意的，父母限制的事情奶奶就去讨好，就是在赢得孙子的好感。

当我们对这件事的理解不一样时，我们由此产生的情绪反应就会不同。其实哪种理解可能都有道理，假如我们只是理解事情的表层，证实了奶奶就是疼爱孙子，放任奶奶这样去购买和允许孩子随意吃喝就能解决问题吗？假如奶奶就是想挑战权威，希望孙子的事情她也有发言权，然后呢？我们是不是就可以任由家庭中很多个角色用不同的方式去建立规则呢？这么前后矛盾的规则对孩子有好处吗？假如奶奶就是在讨好孙子，甚至不惜用违背父母规则的方式，那么指出来或者批判这种方式就有用吗？会不会因为这样导致家庭关系失和，阳奉阴违的事情越来越多呢？

这个时候如果带着情绪去质问，可能解决不了问题，甚至因为沟通的方式不对，对方忙着辩解、掩饰或者防御，最后都搞不清问题的关键到底在哪里了。我们不妨在沟通之前，先通过觉察梳理一下事情的脉络，找找事情的关键点。

假设我们是妈妈这个角色。类似的事情多次发生，妈妈肯定是困惑的，甚至是有些不高兴的。但是发脾气或者指责无益于问题的解决，妈妈决定觉察一下，奶奶这么做背后深层次的原因可能是什么。

正如前文所述，对他人觉察开始的最佳时机也是感受到自己有触动的时刻。例如上述事件中，妈妈对奶奶及时补货这件事感到"不高兴"，我们可以从关心自己的情绪开始觉察。

- "我为什么那么不高兴呢？"

    >>> 因为觉得自己跟孩子约定的规则被奶奶破坏了。

- "破坏了有什么问题吗？"

    >>> 不利于父母对孩子良好行为和习惯的培养，因为奖励的强化作用给模糊了，而且亲子之间的平衡也被打破了。对这个问题的觉察有助于我们明确自己介意的是孩子的行为和习惯问题。

- "奶奶的辩解有道理吗？"

    >>> 仔细想想，还是有道理的，奶奶补货的都是父母带回来而且不定期给孩子吃喝的东西，这说明奶奶细心观察了家庭情况，只是奶奶不清楚为何是不定期。这说明父母和奶奶之间关于零食补货这件事，是有沟通的空间和必要性的。

- "既然有道理，为何自己还那么不开心？"

    >>> 因为奶奶做这些事情的时候，并没有跟父母商量，只是依据自己的判断就做了，奶奶总是这样不沟通就行事。

觉察到这个层面的时候，妈妈发现，原来自己对这件事的反应里糅杂了对奶奶"行事一贯如此"的不满意，所以这个反应里是叠加了其他情绪在内的。

- "奶奶到底为什么这么做呢？"

>>> 奶奶一贯是最疼爱孙子的，其实不仅是爱孙子，也爱家里的每个人，看看奶奶经常补货的东西就知道，爸爸喜欢的饮料啤酒，妈妈喜欢的坚果饼干，孙子喜欢的蛋糕水果，全家都喜欢的蔬菜肉食。奶奶总是在悄悄观察家人的口味和喜好，然后默默地用自己的方式去表达对家人的关心。其他补货的东西没有异议，是因为大家都默认成人的行为习惯不管健康与否都无所谓，但是小孩的行为习惯是父母很在意的事情，所以才对奶奶的补货有意见。可是从奶奶的角度看，她可能并没有觉得儿女和孙子有本质的区别。

觉察到这里的时候，妈妈突然很感动，也有些羞愧，奶奶平时做了很多事大家都熟视无睹，习以为常，却因为对孙子做的一些同类事情被贴上"破坏规则"的标签，对奶奶来说的确是不公平的。

觉察到这里，大家已经基本知道接下来问题解决的方向了，但是如果还有时间和精力，再多做一些对奶奶的觉察，可能对家庭关系更有裨益。

> • "那么奶奶这么做是什么原因呢？为何总是悄悄地观察，补
> 货，明明全身心地爱着家里的每个人，怎么还会让他人觉得
> 难受呢？"

>>> 奶奶其实对参与小家庭是有渴望的，但是父母工作很忙，在家仅有的时间用来夫妻沟通和亲子活动还不够，忽视了跟奶奶关于生活和育儿的沟通，奶奶也担心自己会造成儿子媳妇额外的精神负担，所以一直都在默默地做事。奶奶希望自己的存在是贡献而不是负担，所以总是在悄悄地观察家庭生活的很多方面。奶奶曾经因为货品的外表相似买错过东西而被嫌弃，虽然也多次询问品牌名称，但是现在同品牌的货品琳琅满目很难选对，奶奶就拍照比对去购买。所以，尽管买对了，但是买的时机不对，也被嫌弃了。此外，奶奶也非常珍惜跟孙子相处的时光，尤其是孙子跟自己的感情。随着孙子逐渐长大，平日里幼儿园、课外班，周六日跟父母亲子乐，孙子跟自己能维系情感的活动越来越少了，奶奶很担心会逐渐失去了孙子的喜欢，所以能把握的大概就是多给孙子买好吃的，用零食来获取孙子的关注和体验那份独特的"奶奶之爱"。

故事中的奶奶并不是我们生活中的个例，这份心思是很多老人的共同之处。我们身为年轻家长，可能在育儿理论知识层面更先进一些，身为父母的身份优越感也让我们不担心失去孩子的爱，但正是这

些"得天独厚"让我们常常自以为是，认为自己最有道理，最有发言权，却忽视了体察家庭中其他成员的处境和心思。

通过上述对奶奶的觉察，我们基本上可以明确了这件事的关键点：体谅奶奶渴望融入家庭和关心家庭成员的心情，让奶奶理解为何不能随意给孙子提供零食，一起探讨可以改善"不沟通就补货"这个出力不讨好局面的办法。最终，父母决定，每次需要给家庭采购零食的时候，会提前知会奶奶，有些不容易搞错的东西拍好图片由奶奶定期来买，买了以后奶奶根据父母跟孩子制定的规则定期定量地提供。孩子需要增添衣物和礼物的时候，如果奶奶想表达心意，全家一起去挑选购买，规避"奶奶送的礼物不喜欢"这种尴尬。周末的亲子活动安排，会根据场所带上奶奶一起参加。跟孩子有关的问题的讨论，也会邀请奶奶一起参加，尽量通过提前沟通的方式解决一些可能会有分歧的地方。

对他人的觉察，相比对自己的觉察，更需要付出心力，因为我们需要在内心给他人留出空间。不轻易地批评和指责，努力将自己放在别人的立场去换位思考，这是一件说起来容易做起来很有难度的事情，需要不断地练习，放下自己的主见和偏见，安抚自己负面的情绪反应，尽量用客观和理性的态度来探索事情背后的原因。同时，还要兼顾内在直觉以及各种可能性的出现，要更包容、更有弹性、更坚韧。你的心要努力锻造得既坚强又柔软，既能承受现实的残酷，也能去安抚去爱。

3 _ 家长对当下环境的觉察

有句俗语叫"天时地利人和"，这里的天时和地利指的就是环境因素。人与人之间的对话和关系也跟当时的环境背景有非常大的相关。现实中我们常常说"回家再聊""现在不是谈这件事的时候""现在说这话晚了"，这些口头禅里都包含着诸如场合、时机等环境因素。

如果大家好好回忆和总结一下，就会发现，不管在生活中还是工作中，有效的沟通往往意味着我们对自己想说的非常清晰并且使用了恰当的表达方式，过程中也能兼顾他人的感受和立场，更重要的是，谈话的场合和时机是合适的，这些因素共同促成了一次卓有成效的谈话。

因此，在家庭生活中，当我们试图去跟孩子沟通的时候，也需要考虑当下的环境因素是否合适。例如，孩子正在兴高采烈地分享学校里发生的好玩的事情，虽然听上去有些不合适的地方，家长如果立即去纠正，往往会给孩子产生"被泼冷水"的感觉，激动的心情没有被家长共情，不管说什么总是在被家长"挑错"，这种时机不当的教育其实事倍功半，久而久之还会浇灭孩子热切想要分享学校生活的热情。

再例如，大庭广众之下，有陌生人或者其他小伙伴在场，孩子如果有些不适宜的行为，家长可以适当提醒，或者将孩子带离人群进行教育和批评，最好不要当着众人的面去数落和指责。每个人都有自尊心，即便是一两岁的婴幼儿都知道察言观色，感受大人的喜怒哀乐，更何况是有了自我意识和羞耻心的大孩子呢？

　　家长对环境的觉察除了上述的时机和场合外，还包括对家庭氛围、家庭情绪、家庭关系等家庭精神环境的觉察。家庭是一个系统，每个成员都是系统中的一分子，成员的状态会影响系统的运转，成员之间的交往模式、行为准则会影响系统的功能，成员之间构建的不同属性的关系构成了亚系统，每个亚系统也都有各自的功能、界限。反之，家庭系统的状态也会影响到每个成员，很多人在家里和在外面表现出截然不同的两种性格就是最好的证明。那些视原生家庭为自己痛苦来源的成年男女，即使是短暂探访父母或者是父母的短暂来访，都会感受到无助至极。所以，家庭其实是一个动态的、有内外循环的能量场。我们身在其中，既影响着家庭，也受其影响。

　　不管年纪大小，孩子往往是家庭里最敏锐的那个，如果说成人背负了更多的家庭责任，那么孩子往往承载了家庭大部分的情绪。我们想了解一个家庭系统的状况和风格，去观察这个家庭中孩子的精神状态往往会比较真实。临床中，遇到心理问题的多是孩子，从家庭治疗的角度来看，有问题的其实是这个家庭系统而不是某个成员，但是孩子因为是家庭里最弱小、最敏锐、对系统依赖度最高的那个，所以往往成为了家庭问题的"替罪羊"。

　　因此，家长如果能对自己的核心家庭、原生家庭都有一定程度的觉察，就可以从系统的角度来看家庭正在发生什么，认识到有些问题的产生可能是系统内的蝴蝶效应。

　　例如，丈夫受其原生家庭的影响，跟家庭成员都保持比较疏离的关系（这可能是父亲原生家庭风格的延续），他很可能也会跟妻子保持一定距离，妻子因为丈夫的疏离可能会将自己的精力过多地投放在孩子身上，因为这样可以降低因为夫妻疏离带给妻子的焦虑，同时这也是丈夫可以接受的方式。于是，母子关系越来越紧密，夫妻关系越来越疏离。孩子因为母亲过多的关注，丧失了发展独立性的空间和机会，独立面对问题时就会比较脆弱和能力不足，这会导致母亲更焦虑，投入更多的关注，孩子也就更加难以发挥自我的功能，于是就很容易成为一个"替罪羊"。当我们对这个家庭系统内的夫妻关系、亲子关系以及父母各自原生家庭等关系都有所觉察的时候，我们就能认识到，孩子的问题其实是由于家庭系统特别是夫妻系统的功能不良导致母子系统的边界不清，从而影响了孩子个体失去功能。

三 觉察对家庭教育以及家长的意义

在一个家庭系统中，成人之间的准则是，每个人对自己的情绪负责；成人跟孩子之间的准则是，成人去容纳孩子的情绪，而不要让孩子去容纳成人的情绪，否则，孩子的情感容器很容易被撑破。用自己的全部身体去承受那些难以消化的情绪，会给孩子的身心带来重创，导致各种身心问题的产生。我们在第二、三、四章中澄清了这方面的重要性。

当一个家长的成熟度没有达到可以去容纳孩子，反而需要被孩子来容纳的时候，孩子的成长就会比较辛苦。代际间家庭治疗理论中有一个概念非常好地解释了家长成熟度以及家庭风格的原因，即"自我分化"，这个概念我们在"情绪"章节也介绍过。

鲍恩（Bowen）认为，我们情感生活的自主性要小于我们的想象。大多数人比我们想象的更加依赖、更加关注关系之间的互动。自我分化是鲍恩理论的核心，既是心灵的也是人际的概念。与自我力量类似，分化具有思考和反思的能力，而不是对内在和外在的情感压力自发地做出反应。

不自我分化的人容易变得情绪化、失去自我控制，他们的生活完全为周围人对其反应所驱使。分化的自我可以平衡想法和感受，既有强烈的情感和自发性，也有抵制外来情绪推动力的自我控制。与此相反，不自我分化的人倾向于情绪化，对其他人不是顺从，就是逆反。他们没有独立的自我，容易将自己的感受与其他人的融合。他们很难保持自己的自主性，尤其是面对令人焦虑的事件时。如果问他们是怎样想的，他们会说自己的感受；问他们相信什么，他们可能会说那些他们听到的。他们不是同意你所说的一切，就是每件事情都要和你争论。与之相反，自我分化的人面对事件有自己明确的立场，确定自己相信什么并按照信念去做。

盖林（Guerin）将分化定义为将个人从家庭的情绪混乱中部分解放出来的过程。分析自己的角色，积极参与关系系统，而不是将所有问题都怪罪到其他人身上却从不反省自己，这样才能真正从关系中解放出来。如何促进自我分化水平的提升是个体非常重要的成长任务。

觉察就是一个非常重要的、让自己的分化水平越来越高的方式。

觉察的过程涵盖了我们前面谈到的情绪、沟通、容纳、边界等一系列的内容。首先，你要能看到自己情绪的不同体验和变化；在看到的瞬间，让自己先不去做出反应，因为做出反应就是情绪化了。在你有了情绪体验和针对这个情绪做出行为反应之间，留出一个空档，这就是觉察的时机。在这个空档里感受自己的情绪，跟自己的情绪在一起，抱持或安抚一下自己。只有当情绪得到了抱持、接纳之后，你才有机会来看清它背后的一些深层原因。

按照认知行为理论的观点，情绪是跟认知有关系的。情绪会影响人的认知，同时情绪也会受认知的影响。所以当你感受到情绪的同时，一定也有关于情绪的认知，只不过认知比情绪要慢一点。觉察，就是给情绪一点时间，让认知跟上来。在这个过程中，通过恢复思考和反思的功能，让自我分化水平越来越高。

正如我们前面所说，"每个人都是带着自己的童年记忆成为父母的"。身为父母，假如我们没有对自己的过去有充分的理解，很容易在新的家庭中复制原生家庭的模式，包括好的和不好的。有很多夫妻恋爱的时候关系很好，但是生了孩子之后关系就产生了微妙的变化，逐渐交恶。其中一个原因在于，有了孩子之后，夫妻俩都不可避免地被唤醒自己早期的一些记忆。这个过程中如果缺少觉察，就会本能地延续原生家庭的模式去应对眼前的困境，而应对的方式里又叠加了曾经未处理事件留给自己的创伤感，就导致当下的家庭关系更加复杂。

从某种意义上说，觉察更像是一种通道，一个跟自己连结的通道。你可以通过不断地觉察自己，感受、反思自己在很多方面的状态。觉察也是我们跟自己沟通的一个非常重要的桥梁。我们用觉察来理解自己，认识自己。当你深刻地对自己进行剖析和认知后，很大程度上也就更了解别人了。因为我们都是经由自己去认识别人的。当你深刻地感受到"己所不欲"了，才能够做到"勿施于人"。

同时，觉察是一个让我们理解别人的很好的途径。当别人做的事情让你很困惑，难以理解时，你可以换位思考，把自己放在别人的位置上，想象一下，假如自己去经历类似的事情，是什么感受。这个觉察的过程有助于我们去理解他人。觉察带给我们特别有意义的地方就是，我们通过觉察去认识自己、掌控自己，同时也给了我们理解别人的可能性。

从家庭生命周期理论来看，家庭中每个阶段的体验和任务是不一样的。恋爱生活跟婚姻生活不是一回事，二人世界的婚姻生活又跟有了孩子的家庭生活不是一回事。身为家长，我们需要在不同家庭生命周期的阶段，重新审视家庭成员之间的关系，及时觉察，增强沟通，善于调整，促进家庭生命周期的健康发展。这就是觉察的意义，它虽然不能完全杜绝家长的某种不良行为，但能大大地缓解因为不良行为而产生的后果，降低未来再次发生不良行为的可能性。通过觉察，家长们更加明白自己需要提升的是哪部分，更能看清生活中一些问题的本质，更能在"硝烟弥漫"中躲避雷坑。

此外，面对纷繁芜杂的育儿理论和技术，觉察也是很重要的一种辨识途径。不同的理论和技术都有各自成立的哲学观基础，有些看似矛盾的技术背后其实是因为基本的人性观是不同的。家长在觉察的过程中，可以反思和审视自己内在的基本需要以及自己的人性观，从而选择跟自己价值取向吻合的理论技术一以贯之，而不是"拿来主义"随便乱用。有了对自己深度的理解和对人性基本的定位，就会产生内在智慧，即便是遇到矛盾和冲突的困境，也能依据内在的智慧进行判断和取舍。

因此，我们认为，家庭教育是过程论，不是结果论，要做成长型的父母，用自己的成长、成熟带动孩子的成长，而不是一味地逼迫和训练孩子成长。我们要努力通过自我成长来享受父母这个角色，享受与孩子共同成长的过程，而不是把亲职看作是任务、包袱、竞赛。我们全部的努力都是为了让自己和家人在家庭这个场域之下发展的每个阶段都更安全、自由、舒展，在被保护的时候感受到弹性的空间，彼此亲密连结又相对独立，兼容并蓄，真正让家成为港湾和基地，而不是牢笼和困境。

四 提升觉察能力的方法和途径

正如我们在前面介绍的，觉察的过程通常情绪是诱发，直觉给方向，思维做修正。日常生活中，我们首先要学会识别自己的情绪，哪怕身体感觉、情感体验都可以。其次就是当感受到情绪的时候，不要着急去表达和发泄，或者压抑和隔离，容许情绪跟自己多待一会儿，感受情绪背后自己的需要、期待、想法。不管情绪如何，不管背后的期待和需要是什么，不着急去辩解和评判，而是多问自己"为什么"，就像找到一个小线头一样，顺着理啊理，慢慢找到"源头"。

除此之外，还有很多日常练习也能提升觉察，例如，双盘、冥想、瑜伽。从忙忙碌碌、熙熙攘攘的生活中努力创造与自己单独相处的机会，愿意跟自己对话，关心自己身体的信号和变化，关心自己的感受和想法，去寻找并跟随自己的内在智慧，从而更真实地面对自己的各个方面，更真诚地面对关系。

写在后面的话

我的恩师北京师范大学心理学部的张日昇教授曾经用二十字生动地概括了在儿童发展的不同阶段，家长应持有的教育态度，即"婴儿不离身，幼儿不离手，小学不离眼，中学不离心"。言简意赅，道出了最本质的教育理念：我们要跟随儿童心理发展的需要，调整我们家庭教育的方式。

如果你认真阅读了前面的章节，你会发现，我们在每一章阐述家长"元能力"的时候，除了解释每一种"元能力"的内涵，对家庭教育的意义，我们基本上也是结合儿童心理发展不同阶段在对应"元能力"上的需求来展开的。

例如，当我们谈"沟通"元能力的时候，我们需要明白，跟2~3岁幼儿沟通的时候，单纯的说教和讲道理，其实是没有什么效果的。结合绘本、故事、游戏，用孩子能理解的语言，我们才能实现跟幼儿的有效沟通。当我们跟青少年沟通的时候，就需要考虑到青春期孩子的心智特点，认识到思维的两极化和矛盾性难以整合是他们的一个特点，并不是他们天性就喜欢走极端，而是在于他们的批判性思维刚刚开始发展，还没有办法很好地去兼容矛盾特质。

其实对很多成年人来说，思维依然有两极化的特点，并且难以整合矛盾和复杂情景也是常见的现象，不要觉得我们身为家长就比孩子高明了多少，有些时候，孩子朴素的言语透露着更深的智慧，往往是我们成人难以企及的"赤子之心"。我记得，跟5岁的儿子沟通"如果你特别生气你可以怎么做"的时候，他想了想说"我们可以吃点自己喜欢的好吃的，或者去洗个澡，看个动画片，如果是非常非常生气的事情，那就需要拥抱了……"你看，在孩子朴素的想法里，透露着我们现代心理学解决情绪问题的一些小技巧：美食能缓解情绪压力，转移注意力或者放松身体也可以，最有效的还是通过关系层面，让自己跟爱的人恢复连结，不管是身体安抚还是情感安慰。

家庭教育，一直以来都是备受重视的。那么家庭教育的本质又是什么呢？家庭教育的目标又是什么呢？我想，这个问题的答案一定是仁者见仁，智者见智，我们所秉承的关于人、关于生活、关于生命的意义等价值取向决定了我们的答案。

很多人常说："拼娃的最后是拼父母。"过去，人们肤浅地认为拼父母拼的是财力、权力、影响力。现在，越来越多的人更加理性地认识到，拼的恰恰是父母的格局、视野、自我修养和人生境界。"家"这个字，早已经不再是有房有猪这么简单了，身为父母，不仅要为孩子遮风避雨，还需要能从精神和心理层面为孩子构建一个安全的港湾，用安全、信赖、温和、坚定的亲子关系与家庭关系为孩子一生的关系体验奠定底色。

哈佛大学有一个非常有名的"格兰特研究"，从1938年开始，连续76年追踪被试群体收集观测数据，试图回应"什么样的人能成为人生赢家"这个问题。主持这项研究整整 32 年的心理学者乔治·瓦利恩特（George Vaillant）说，赢家必须"十项全能"：十项标准里有两条跟收入有关，四条和身心健康有关，四条和亲密关系与社会支持有关。其中有一些数据让人大吃一惊：与母亲关系亲密者，一年平均多挣 8.7 万美元；跟兄弟姐妹相亲相爱者，一年平均多挣 5.1 万美元；在"亲密关系"这项上得分最高的 58 个人，平均年薪是 24.3 万美元，得分最低的 31 人，平均年薪没有超过 10.2 万美元；只要能在 30 岁前找到"真爱"——无论是真的爱情、友情还是亲情，就能大大增加"人生繁盛"的几率。

正如精神分析所说，婴儿与养育者的关系是心智和情感发展的熔炉。人类是在各式各样的关系中存活和发展的，有能力构建出高质量的亲密关系是关乎我们一生幸福的重要功课。

每个孩子都是独一无二的，每一个家长也是独一无二的。将家庭教育的本质定义为一种生命成长历程的陪伴，将家庭教育的目标落在家长和孩子共同成长上，将家庭关系视为影响家庭教育质量的关键因素，通过促进家长"元能力"的发展，让家长能结合自身优势以及自己家庭特点，根据孩子不同的发展阶段和心理情感需求更加灵活、弹性、创造性地去实施有利于孩子的家庭教育方式。

在本书中，我们选择了"沟通""情绪""容纳""边界""觉察"这五个对家长以及家庭教育来说非常重要的"元能力"，虽然不能穷尽家庭教育的所有难题，也没有"妙招 100 条"，但是在我看来，是以一种"釜底抽薪"的方式来面对家庭教育这件事。"授人以鱼不如授人以渔"，这五个"元能力"就是本书送给每位家长的"渔"。我们希望通过对影响关系的本质因素的探讨，让家长可以突破自我的藩篱和桎梏，通过自身人格境界的提升，改善家庭关系和家庭氛围，最终让孩子获益，成为孩子成长之路最有力的支撑。某种程度上讲，这五个"元能力"不仅仅适用于家庭教育，也是我们每个人成长的必修课。

1_ 再说沟通

在组建家庭之初，很多人都渴望选到那个"对的人"（Mr. /Ms. Right）。在大多数人的心中，固执地认为，只要我选对了人，这一生就可以安稳度日。殊不知，即便我们能在最初就成功遇到天选之子，随着时光荏苒，岁月流淌，我们最终还是得在日复一日的柴米油盐中去学会如何相处。因为生命和生活的本质就是不可预测性，静止不变是相对的，运动变化才是永恒的。一成不变的个体是不存在的，同样，一成不变的感情和关系也是不存在的。所谓"对的人"，并不是一个静止的状态，而是不管生活如何改变，自我如何改变，都能用欣赏的、包容的、理解的、资源的视角来看待彼此的差异，愿意用"我们"而不仅仅是"我""你"这样的态度去面对未来可能产生的挑战。

家的情感基础是爱，爱只有流淌起来才能像涓涓细流一样滋养生命。所以，我们将"沟通"作为元能力之首，就是希望家长们能认识到，好的关系建构重在经营。情投意合固然重要，但是长久地拥有良好的关系还需要个体具备连结的能力，如何表达自己的需要、如何表达对他人的期待、如何去解决争端和分歧、如何表达自己的不满、如何回应他人的要求、如何应对关系中的消极体验……这些都需要我们能拥有沟通这项基本的元能力。

成人之间的沟通尚且如此复杂，家长跟孩子之间的沟通更是充满挑战。很多家长在跟孩子沟通时经常走入的一个误区就是：把年龄小的孩子当作成人一样来对待，而又把已经长大的孩子当作小孩一样来对待。当你对一个五六岁的孩子说教的时候，当你试图控制一个十五六岁的孩子的时候，你就进入了这种沟通的误区。沟通并不是一个单行道，任何没有形成"表达—反馈"这种环路的沟通都是无效的，那只是命令、通知、说教而已。

无效的沟通有时还表现为单纯地抱怨、指责、宣泄情绪，没有重点的"滔滔不绝"会让人感到烦躁，不分青红皂白的训斥会让人厌恶反感，没有任何建设性意见的挑刺儿会让人想保持距离。这种沟通在任何关系里都是无效的。

我们需要进行的是有效沟通，从感受层面出发，不用攻击性的方式，愿意放下自己的防御，真诚地交流自己的感受、思考，也愿意在这个过程中，同时兼顾他人的立场，理解他人的困难情境，倾听的时候保持共情，表达的时候开诚布公，反馈的时候不否定、不评价和不指责，提供不同意见的时候多用建设性的方式，愿意承认自己在关系中的影响并承担起需要负责的部分。

孩子的天性是渴望连结的，因为只有在安全与受保护的关系之中心智和情感才能得以发展。假如家长没有对沟通的本质和有效沟通有充分的认识，可能就在家庭教育的过程中逐渐失去了沟通的优势，慢慢地成为了孩子不想与之沟通的人，很多家庭的隔阂也由此而生。

跟孩子沟通的时候，也需要注意孩子的心理年龄特点，采用便于孩子理解和接受的方式。对年幼的子女，多用游戏、绘本、故事等象征的方法，鼓励孩子在体验中去探索。对小学、中学阶段的子女，要考虑到依赖与独立的此消彼长，尽量不用强制和控制的方式，多鼓励和探讨，帮助孩子多用和善用语言而非行动化来表达内心的感受。对高中和大学的子女，要充分尊重其作为独立个体的自主性，接受孩子已经长大需要远离的现实，做好后盾和支持，而不是限制和束缚。

另外需要注意的是，身为父母不仅要重视跟孩子的沟通，也需要重视父母之间以及与其他家庭成员的沟通。家庭教育并不是一个世外桃源的城堡，也不是一个密封的温室花园，孩子会在和我们朝夕相处的每一天每一餐中感受我们是如何与彼此、与他人建构关系的。身为家长，如果只是对孩子耐心倾听、轻言细语，但是对其他人漫不经心、随意对待，不真正改善自己沟通的心态和能力，这种功利性的家庭教育方式，并不能真正对孩子有好的影响。

2 _ 再谈情绪

将情绪作为一种元能力加以阐述，对很多人来说可能觉得有点奇怪，但假如你认真阅读了这一章，你就会明白，情绪对我们的意义以及拥有情绪能力对我们人生的价值。

　　面对情绪这个话题，我们首先要明白，情绪是伴随物种进化后的结果，所以每种情绪都有其存在的价值和功效。不是只有正面的、积极的情绪体验才有资格保留，那些负面的、消极的、让我们痛苦的情绪也有其存在的意义，我们需要做的是学会如何去面对和管理，从而不让自己成为情绪的奴隶。

　　此外，我们也需要认识到，情绪和理性是不冲突的，它们不是维度的两端，此消彼长，而是两个相互影响又相互独立的维度。我们不需要在感性和理性之间去作出舍车保帅的选择，我们完全可以通过学习和练习，让自己既拥有理智，善于审时度势，又情感充沛，做一个理性、温暖、纯良的人。

　　对父母来讲，不带着负面情绪跟孩子讲话，不情绪化地处理亲子关系问题，愿意看到孩子言语和行为背后的情感需要以及情绪内容，正视孩子的负面情绪，不鼓励孩子回避、压抑、隔离，并陪伴孩子一起经历和体验这些负面和消极的情绪，帮助孩子理解这些情绪对自身的意义，那么我们就帮助孩子学习了情绪这节生动的成长课。

　　面对不同性质的情绪，处理的方式是不一样的，虽然最终还是通过觉察和沟通来解决情绪问题，但是第一时间的应对方式有时候会影响情绪事件的走向。简单来说，愤怒需要冷静和控制，因为人在盛怒之下容易失去理智，言语和行为都容易失了分寸，所以怒火攻心的时候，需要先将自己跟当下环境做一个切割，给自己按下一个停止键，哪怕是去阳台或者洗手间站一站，也能给理智留点空间。我们经常看到在家庭中一些因为没有及时隔离怒火而导致的悲剧，话赶话就容易说狠话，狠话戳心窝，虽然一时爽并让自己占尽上风，事后难免觉得有些冲动，但已经覆水难收了。很多亲密关系就是在这样日复一日的情绪化表达后导致彼此之间越来越疏离和冷漠。

同样，悲伤需要陪伴和表达。很多人喜欢用"事后诸葛亮"的方式去安抚别人的难过，虽然是为了对方好，以免重蹈覆辙，殊不知，人在难过的时候是听不进去道理的，只需要被理解和安慰。那些用指责和批评的方式来安抚别人的就更加糟糕了，对方很有可能将你立刻逐出门外，并且以后只跟你报喜不报忧。悲伤对很多人来说的确是困难的功课，因为悲伤很容易让我们感受到自己的弱小和脆弱，这部分往往是我们希望隐藏和拒绝承认的。所以，去陪伴别人的悲伤，意味着愿意面对自己曾经悲伤的感觉被唤醒，能够跟这份难受共处，愿意触碰自己脆弱和挣扎的部分，愿意承认自己也有无力和弱小的时刻。用自己脆弱的那部分去拥抱他人脆弱的那部分，就是连结，然后共同走向疗愈。

情绪跟情商虽然不完全是一回事，但是情商的核心其实就是个体面对情绪的能力。在我们普遍认可情商价值的今天，一定不要误会了情商的内涵或者将情商功利化了。情商的培养和提升需要建立在对情绪的正确认识以及管理上，一个真正高情商的人，情感是敏锐而丰富的，同时又是悲悯和体恤的，共情能力很高，能体会他人的情绪感受并做出合适的应对。

3 _ 再谈容纳

中国有句古话：有容乃大。一个容器越空，能够装的东西越多，所以放在关系层面来理解这个隐喻，我们越能将自己放下，越有机会去看到他人。这里的放下指的是放下自己的标准、视角、先入为主以及想当然。面对孩子的时候，不要想当然地用成人的角度和方式去理解孩子、要求孩子。假如我们身为家长，不能将自己这个容器腾出更多的空间给孩子，那么我们很难让孩子在我们创设的亲子关系里感受到舒适、安全、自由和受保护。

当我们在家庭教育里谈论容纳的时候，我们更多地希望家长能看到自己对孩子发展的意义。一粒种子在它很年幼的时候，很难判断出未来的形态，但是不管它最终是花枝还是果树，种子的健康成长都需要充足的阳光、水和空气。逼仄的空间和教条只能让生命形态难以舒展，良好的空间才能让生命的潜能得以绽放。

在本书中，我们将良好的亲子关系空间的一个特质界定为有容纳功能的亲子关系。正如前面章节所介绍的，在儿童心理发展的不同阶段，家长需要去容纳的内容略有不同，这是由个体成长在不同阶段的心理发育任务不一样所决定的。虽然我们从科学研究的角度对"关键期"这个概念做了一定的修正，错过关键期并不意味着永远失去，后续依然有补偿和发展的机会，但是我们依然认为，儿童心理发展的不同阶段有着不同性质的核心任务，家长如果能在相应的阶段提供符合或者接近儿童心理发展水平的照料和支持，就能起到非常好的脚手架作用，支持和促进孩子的心理发展。

容纳的核心是信任。我们常说，家长对孩子的信任是最好的礼物，对孩子的担忧是诅咒。这里面有很多心理学原理可以解释，例如"罗森塔尔效应"（期望效应）、心理暗示的作用、投射性认同、移情等。人本主义心理学、积极心理学的应运而生也是源自反对传统心理学对"问题""障碍"的过度关注。家长要深刻认识到自己看孩子的角度、跟孩子互动的方式、对孩子能力和潜力的信任等会影响孩子的发展。每个孩子的发展节奏是不一样的，孩子的兴趣、爱好、特长、思维特点、性格倾向、敏感程度都不尽相同，家长对孩子的容纳不仅表现在基础层面，即尊重不同的心理发展阶段，也表现在孩子个性化的层面，即接受个体的差异。

偶尔的指责和批评可能对孩子的行为矫正有帮助，但是过度依赖这种方式，更容易让孩子畏缩、回避和自暴自弃。如果我们不得不批评，一定要注意聚焦孩子的具体行为，针对具体的事情、行为、态度，不做笼统的、全面的、关于人的否定。表扬也同样，应更多的聚焦在行为层面，这件事做得好，或者这个方法真棒，过多地对孩子能力的赞赏容易使得孩子拥有"假性高自尊"，只能接受成功，不能承受失败。

因此，家庭教育中，建议家长多采用适当的鼓励（过度的鼓励也是一种压力）、多表达对孩子的欣赏和信任、愿意跟孩子探索更多的可能性而不是墨守成规，当孩子遭遇挫折的时候容许孩子有一定程度的反复、暂停，而不是一味加油向前，家长要表现出对失败和沮丧的容纳力，孩子才有可能学习到如何面对失利——没什么了不起，这并不是一件可怕的、难以承受的事情。只有这样，才能培养出孩子真正的勇气，愿意面对不确定的未来以及挑战未知的可能性。

当家长努力为孩子创设一个有容纳功能的空间和关系时，也别忘了将这份智慧用来面对自己和家庭里的其他关系。我们再次重申，在家庭中最核心的关系是夫妻关系。孩子很重要，但不代表孩子是家庭的中心，全家人都应该围绕着孩子转。新生儿的确需要来自养育者全身心的关注和照料，这种全情投入的背后也有赖于整个家庭的支持和奉献。慢慢地，孩子从最初与母亲的二元关系逐渐过渡到跟父母的三元关系，其中一个非常重要的成长任务就是，认识到自己并不是世界的中心，而只是普通的一员。这种发现和觉悟可能让孩子体验到暂时的失落，但对孩子未来的成长意义重大。孩子在接受了自己被排除在父母关系（夫妻关系）之外后，才能将视野转向家庭之外，突破婴儿般自我中心人格，投入到自己的伙伴、友谊、集体和其他学习任务之中，发展起符合社会要求的各种特质和能力。

4 _ 再谈界限

容器之所以能起到容纳的作用，是因为有外壳，即边界（界限）。残缺不堪的容器是没有所谓容纳功能的，连最基本的保护功能都做不到，同样，漫无边际也谈不上容纳，只会带来迷失。因此，容纳和界限是互为存在的。界限为容纳提供了基础，容纳让界限有了弹性。

　　任何关系都需要界限，就像我们存活离不开皮肤一样。健康的界限犹如健康的皮肤，在自己和他人之间建构起一个天然的屏障。皮肤是有形的，我们借由皮肤拥有了自己身体的形状，皮肤的敏感程度也构成我们对环境的感知和理解。关系中的界限是无形的，但是我们依然借由清晰而充满弹性的界限拥有了独立而完整的自我，也成全了他人的人格独立。

　　没有界限的关系是危险的，会带来自我消融的可能。每个生命都不是他人的附属品，都值得拥有自己的生命历程，绽放属于自己的光芒。界限不清的关系会将关系中的人都缠结在一起，虽然足够亲密，但是因为没有剥离的空间，关系中的人会感觉到疲惫而窒息。

　　同样，过度僵硬的关系也让人觉得不舒服，因为界限太过清晰，没有任何弹性空间，给人的感觉非常冷漠而疏远。人需要在有连结感的关系中才能维系身心的健康，僵硬的边界虽然尊重了人作为个体独立性的部分，但是因为缺少灵活和弹性，导致连结出现困难，也很容易给关系带来裂痕，不能发挥关系的支持作用。

　　我们主张在关系中要努力保持清晰且有弹性的界限。清晰意味着对自己有足够的了解和尊重，良好的自我认知是自尊的基础，否则，自尊无论高低都有可能是虚假的、脆弱的。只有真正的、稳定的自尊体验才能有机会在关系中赢得他人的尊重。弹性体现了对他人和关系的尊重以及自我的灵活性。关系性质不同，交往方式不同，情感体验不同，亲密和私密自然不同。用同样的界限去界定所有的关系是自我不够灵活或者懒惰的表现，但需要注意的是，虽然我们根据亲疏有别会建立不同的界限，但是再亲近的关系也是有界限的，这是一个最基本的共识。所以亲密可以是调整界限的理由，但不是突破界限的借口。

在家庭中保持清晰的界限更为重要，正如我们在"界限"章节中所述，边界意识是随着自我意识的萌芽逐渐开启的，并且跟自我发展互为影响。如果家长在养育的过程中没有边界意识，总是对孩子做一些越界的事情，最终会损害孩子自我的健康发展。

成长过程中自我边界被侵蚀严重的孩子，成年后依然没有完整的、有力量的自我感，这会导致他们在成人的世界里无措和受伤，更有可能将这种不良的互动模式复制到自己的小家庭中，造成代际创伤的传递。如果我们去追溯那些缠结型的家庭，就会发现，他们的家族中有类似模糊边界的传统，他们固执地认为这就是爱的表现。

以爱为名的控制、诋毁、侵蚀、破坏，在关系和家庭中都太常见了，尽管当事人都是以爱为出发点，但是因为对自身成长没有做充分的觉察和反思，可能不自觉地就将自己熟悉但其实是有问题的模式传递下去，最终导致"爱变成了伤害"这种悲剧。

我们家长不断地学习、反思、成长，就是为了让代际问题在我们身上得以觉察，从我们这一辈起阻断这种不良模式的复制和传递。让爱回归爱该有的样子，在尊重个体独立性的基础上，在承认差异是普遍存在的基础上，在理解他人情绪感受的基础上，在有效沟通的基础上，在关系中建立真正的连结感。

5 _ 再谈觉察

　　将"觉察"这一章放在最后不是因为不重要，恰恰是因为它太重要了。如果大家认真阅读了每个章节，思考我们界定的"沟通""情绪""容纳""界限"这四种元能力，就会发现这四个元能力是相互影响的，而"觉察"作为一条内隐之线贯穿始终。

　　觉察不仅对家庭教育有意义，而且作为一种最基本的跟自己对话和相处的方式，可以用来面对各种人生议题，促进自我成长。当我们启用觉察时，非常重要的一个基本原则就是：一定要对觉察过程中产生的各种声音、想法、情绪和感受都保持开放，不去评判或否定，允许它们自由浮现，哪怕这些内容会有道德和价值的冲突，但是在觉察的过程中也努力地先不去作选择和判断，而是允许它们自然存在。只有这样，才有机会接近内心最真实的部分，才能看到自己平时可能压抑和隔离的那些不被接受的内容，而这是和解或寻觅创造性解决方法的必经之路。

　　当我们用上述原则进行觉察的时候，也有机会接近他人内心的真相，给我们一个充分的、站在他人立场思考和感受问题的机会。虽然我们不能完全用自己的觉察去代替他人，但是这个环节为我们后续有效沟通奠定了基础。觉察也让我们对自己的情绪有了更多理解和容纳的可能，我们可以借由觉察让自己从莫名的情绪中解放出来。增强对情绪的洞察力，可以让我们拥有情绪而不是让情绪拥有我们。

　　我相信，对很多家长来说，增强容纳都是一个非常有挑战的议题。很多人只是简单地将容纳做成了容忍而已，一字之差的根本区别就在于，你是否对你容纳的内容有充分的认识、理解、承受和消化，而觉察是帮助我们真正做到容纳而不是容忍的重要路径。

通过不断地觉察，你对自己的脆弱、害怕、需要和渴望越来越了解，也就对自己的边界越来越清晰。借由理解了自己隐秘的、担忧的、在意的部分，你也更容易理解他人那些脆弱、不安和矛盾，不会轻易地去指责和否定他人，也不会想当然地自以为是。"己所不欲勿施于人"是非常重要的准则，"己所欲施于人"也是需要慎重考虑的，我们需要考虑到尊重差异和尊重选择。

可以提升觉察能力的路径很多，例如当下非常流行的冥想、正念、双盘、打坐等，我们也可以在散步、音乐、静思的过程中进行。总之，觉察意味着你愿意跟你自己在一起，感受当下，活在当下，愿意借由自己的身体、精神、心灵作为一个通道，去觉知更多的未知。你要对自己有兴趣，全方面动用自己身体的每一个细胞和感官功能，去跟自己对话。关注身体的感受，倾听情绪的声音，跟自己固执的想法辩论，用真实和勇敢向内心之路最幽深的地方探寻，触碰最真切的、最脆弱的、最需要呵护的那个自我，去尝试接触它、理解它、抚慰它。

我们每个人的内心都有根植于祖先的来自物种和进化的智慧，觉察能够帮助我们拂去心灵的蒙尘，正如荣格所说"唯有当你透视自己的内心时，你视觉才会变得清澈无碍，那些往外看的人，还在做梦，那些往内看的人，已经清醒了"。通过觉察，可以开启自己内心深处的智慧宝藏，拥有创造性解决自己生活问题的勇气和能力。

家庭教育是一个宏大的概念，不同的角度、不同的切面、不同的落脚点必然得出不同的内容。但不管怎么样，家庭教育一定不是只关乎一个人的事情，这是家庭这个系统的事情，是面向家庭成员里的每个人的事情，而孩子只不过是系统中一个更容易被看到、被影响和更容易变化的存在。只关注孩子的家庭教育一定不会带来我们期待的结果，家长如果专注于学习训养技术也不会培养出真正有独立灵魂的孩子。

家长要学会转变视角，将孩子看作是一份礼物，从母亲身体里开始孕育这个生命的那天起，不管是被安排的还是主动选择的，我们从此多了一个新的身份——父母。孩子将没有血缘之亲、只有感情连结的夫妻关系转化成血脉相连、亲情相依的家庭关系，从此可以斩断的是夫妻，斩不断的是家人。这份礼物让我们理解了人和人之间一种无法言说的连结，也激发了我们身为父母、子女未知的潜能和魄力。

如果我们从这个角度理解这一世的父子情和母子情，家庭教育其实就是我们彼此相伴成长的一个道场，这场生命与生命的陪伴之路最终是为了促进彼此、成就彼此、幸福彼此。秉承这样的理念，遇到了困境愿意从自我改变的角度出发去面对问题、解决问题，我相信，每个家长都有机会成为自己孩子最好的同行者，都有足够的智慧和力量目送孩子远行。

图书在版编目（CIP）数据

父母的 5 堂必修课：家庭教育的心理学智慧 / 张雯
著 . —上海：华东师范大学出版社，2021
　ISBN 978-7-5760-1426-6

　Ⅰ . ①父…　Ⅱ . ①张…　Ⅲ . ①家庭教育—教育心理学
Ⅳ . ① G780

　中国版本图书馆 CIP 数据核字（2021）第 040935 号

大夏书系·成长阶梯

父母的 5 堂必修课：家庭教育的心理学智慧

著　者	张　雯	
责任编辑	任红瑚	
责任校对	杨　坤	
装帧设计	奇文云海·设计顾问	

出版发行　华东师范大学出版社
社　　址　上海市中山北路 3663 号　　邮编　200062
网　　址　www.ecnupress.com.cn
电　　话　021-60821666　　行政传真　021-62572105
客服电话　021-62865537
邮购电话　021-62869887　　地址　上海市中山北路 3663 号华东师范大学校内先锋路口
网　　店　http: //hdsdcbs.tmall.com/

印 刷 者　北京密兴印刷有限公司
开　　本　890 × 1240　32 开
插　　页　1
印　　张　7.25
字　　数　140 千字
版　　次　2021 年 5 月第一版
印　　次　2024 年 3 月第五次
印　　数　12 101–13 100
书　　号　ISBN 978-7-5760-1426-6
定　　价　36.00 元

出 版 人　王　焰

（如发现本版图书有印订质量问题,请寄回本社市场部调换或电话 021-62865537 联系）